# 熊延鉄道の情景

雨の南熊本、熊延鉄道の車庫で顔を並べたヂハ201・202。1953年帝国車両製の兄弟車両で、この熊延での晩年期にはオデコの塗り分けが異なることが見て取れる。'64.1 南熊本 P：田尻弘行

熊延鉄道では1960年にDLを導入しているが、この蒸機5号機だけは貨物列車用予備機として廃止の日まで生き延びた。日本車輌製の25トンCタンク機。
'64.1 南熊本 P：田尻弘行

前頁にも登場したヂハ201の、旧塗色時代の姿(幕板・腰板のブルーが濃い)。
'56.8　南熊本
P：髙井薫平

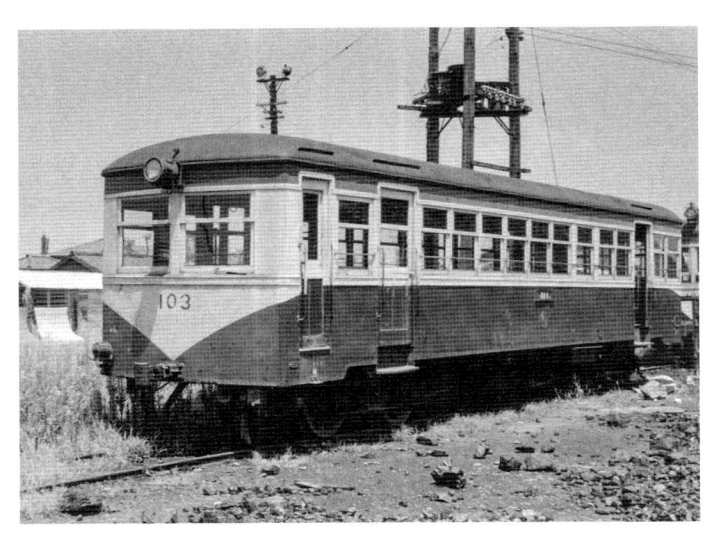

客車のハ31は、元はガソリンカー・ガハ31→キハ31で、片ボギー式の下回りなどに特徴をよく残していた。　'56.8　南熊本　P：髙井薫平

元島原鉄道のガソリンカーを、譲受後にディーゼル化した成り立ちのヂハ103。全長13m級の小型車だった。
'56.8　南熊本　P：髙井薫平

営業最終日の記念列車。先頭は同鉄道唯一のDLであったDC251、装飾がなされた2両目はヂハ102。
'64.3.31　南熊本
P：山田信一

# 山鹿温泉鉄道の情景

山鹿温泉鉄道の形式Bのうちの1両、4号機。ドイツ・コッペル社製Cタンク機で、一時重油併燃とされボイラー上に重油タンクが載せられていたが、晩年は撤去されていた。
'56.8　山鹿　P：髙井薫平

山鹿温泉鉄道の名を一時有名にしたバス改造のレールバス・キハ101。大阪市交通局の進駐軍払い下げGMCトラック改造バスの再改造で、終点で方向転換するためのジャッキと補助輪を有していた。左写真は既に休車後の姿。右写真では補助輪が確認できる。
（左写真）'61.1.1　山鹿　P：田尻弘行　（右写真）'58.8　山鹿　P：髙井薫平

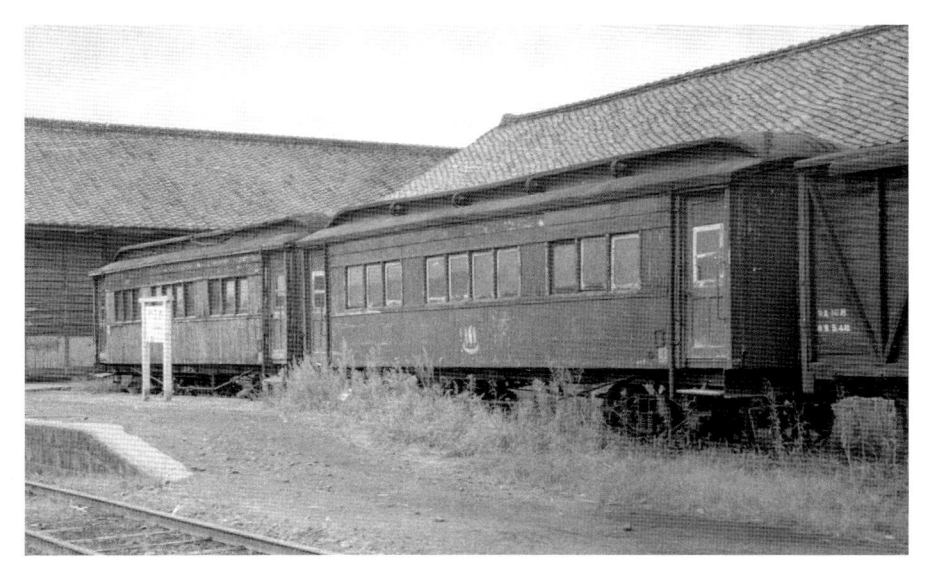

開業時以来の生え抜き客車、ハ1・2。木造ダブルルーフの国鉄ナハ22000系をショーティー化したような模型的スタイル。腰板中央部の温泉マークもユニーク。写真は既に休車後の姿。
'56.8　山鹿　P：髙井薫平

山鹿の車庫に頭から突っ込んでお尻を並べて突き出しているキハ102・101。右手の給水タンクでは4号機が給水中のようだ。
'56.8 山鹿 P：髙井薫平

戦後、国鉄熊本駅乗り入れ可能なディーゼルカーとして2輌が新潟鉄工所で新製されたキハ1・2。写真はキハ2で、国鉄キハ41500に一見似ているが少し車体が短く、また客扉部のステップのため裾下がりが大きいのが特徴だった。
'61.1.1 山鹿 P：田尻弘行

上り貨物列車の先頭に立つは2代目
1号機。戦時下に誕生した熊延鉄道
最後の新造蒸機は、この約2年後に
その短い生涯を終えている。
1957.2.28　田迎—中ノ瀬
P：松本昌太郎

## はじめに

　熊本駅を発車したＣ58のひく豊肥線列車は、左に曲がり鹿児島本線と別れ白川を渡り、市電川尻線をまたぎ尚左にまがり、市街を半周するように北東に向きを変え南熊本駅に進入する。３番線には島原鉄道のガソリンカーを更生したヂハ103がお客を待っている。側線に並んだ国鉄貨車の向こうに蒸気機関車や客車がかいま見えた。その鉄道事務所や機関庫を始めて訪れたのは、1956（昭和31）年８月の半ばだった。その時の印象は地味な鉄道であり、帰省の都度立寄ったが、1953（昭和28）年に気動車が５輌揃い木造客車が廃止されたあとで、1960（昭和35）年にディーゼル機関車が入っても変化に乏しく、廃止３カ月前の1964（昭和39）年１月、最後の訪問までそれは変わらなかった。砥用終点まで乗ったのは一回きり、それも

単なる往復乗車で、走行写真を残していない。今にして思えば勿体ない事で、その後悔もこの鉄道をなんとか紹介したいと思い立った一因である。

　しかし本書を纏めるためにわか勉強したところでは、熊延鉄道は熊本市の西郊、益城地方の輸送機関として苦労しながらも才覚ある経営で、大正から昭和の時代を生き抜いた50年の歴史を持っていた様に思える。その歩みをあらまし辿ると、1912（明治45）年１月交付の免許を引き継いだ御船鉄道（同年11月設立）は第一期線春竹―御船間を1616（大正５）年３月全通させた。二期線御船以遠は1923（大正12）年甲佐まで開通したが、不況による資金難で濱町（現矢部町）までの全通はならず、漸く1932（昭和７）年砥用開業に至った。昭和初期の不況の中で沿線の乗合自動車との競争

に立ち向かい、ガソリン客車の導入、バス事業の兼営で乗り切っている。この時のバス路線網は戦後に引き継がれやがて鉄道のバス転換を可能にしたと言える。1936（昭和11）年頃から鉄道輸送は上向きとなり、中古の車輛も集めて戦時輸送力を確保した。鉄道の本格的復興は1950（昭和25）年ディーゼルカーの新造に始まり、1955（昭和30）年には多くの車輛が整理され、客貨分離・気動車中心の旅客輸送体制になった。一方バス路線は拡大を続け、輸送人員収入損益とも鉄道のそれをはるかに上回るようになり、ついに1964（昭和39）年3月、鉄道は50年の歴史を閉じ、バスにその使命を委ねたのである。同年5月には社名を熊本バス株式会社と改め、現在も益城地方の公共の足を担っている。

起点南熊本のことに少し触れると、大正年間熊本市と郡部を結ぶ鉄道は北の菊池電気軌道（1923年電化）、南の御船鉄道（1914年開業）と旅客専門の熊本電気軌道百貫線（1923年電化）、同川尻線（1926年開業）があった。国鉄連帯の前2社は池田（上熊本）、春竹（南熊本）を各々連絡駅としていた。もともと熊本駅が町のはずれに位置し繁華街に遠いため、連絡駅は旅客より貨物、貨車の直通を意識したと言えよう。とはいえ都心は春竹から北に白川を渡って約2キロ先であり、乗換のハンデを背負っていた。現在では市街の中心の辛島町に路線、高速バス発着の交通センターがあり、熊本駅と並ぶ大ターミナルとなっており、熊本バスもここを起点としている。

5号機の引く上り貨物列車。甲佐から伸びる内大臣森林鉄道によって運ばれたものだろうか。木材を積んだ無蓋車の後ろには石灰で白く化粧した佐俣からのテムも見える。しんがりを務めるのは代用客車改造の緩急車ワフ50形。　　　　1957.2.11　六嘉—上島　P：松本昌太郎

# 熊延鉄道の歩み

設立から鉄道廃止までの50年をいくつかの節目に分けて見てみよう。

## 1、御船鉄道の設立

1908（明治41）年軽便鉄道法施行により全国的に私鉄の出願が見られるなか、熊本では1911（明治44）年11月熊本軽便鉄道（発起人村上一郎ほか9名）が飽託郡春日村久末（熊本駅付近）から上益城郡滝川村に至る軌間762mm延長8M6C＝12.9kmの軽便鉄道敷設免許を申請した。翌1912年1月免許交付されたが、5月には新たに発起人総代に選任された大淵龍太郎より官線連絡のため軌間762mmを1067mmに変更、資本金30万を増額し50万円とする申請がされ6月に受理されている。大淵龍太郎は雨宮敬二郎と共同出資で1906（明治39）年7月設立された軌道条例による熊本軽便鉄道（熊本市内及び菊地郡大津町までの蒸気軌道）の社長であったが、1908（明治41）年7月大日本軌道（株）に同社が吸収合併され熊本支社となった後も大日本軌道の常務として経営に当たっていた。現存する登記簿の写し[注1]では御船鉄道の設立は1912（大正元）年11月10日、登記12月25日である。鉄道院には社長大淵龍太郎より12月6日定款変更願で二代目熊本軽便鉄道から御船鉄道への社名変更を通知している。開業当初の車輛が大日本軌道鉄工部の製品であり、工事申請の代理人として大日本軌道の小山豊之助に委任していること等、両社

のつながりが窺える。

## 2、第二期延長線の競合

1912（大正元）年10月御船鉄道発起人から、上益城郡滝川村から矢部郷の中心地濱町（はままち）まで21マイルの延長線敷設免許が出願された。これに対し1912（大正元）年12月に鹿児島線松橋から年襦村（佐俣付近）に至り緑川に沿い原町（はるまち）＝砥用を経て濱町に至る23マイルの敷設免許を交付された肥後鉄道発起人から反対陳情があり、ルートを甲佐から北に変更して1913（大正2）年5月に免許交付された。このころ御船鉄道は再延長線として濱町─阿蘇郡馬見原町間の免許を出願、対する肥後鉄道は濱町─馬見原─宮崎県高千穂村─岡富村（延岡）54マイルを出願した。しかしこの陣取り合戦は工事着手期限までに肥後鉄道の会社設立がならず1915（大正4）年3月免許失効、出願却下で幕となり、御船鉄道も翌1916（大正5）年4月馬見原延長線10M6Cは達成困難として出願を取り下げ、1917（大正6）年2月には二期線ルートをきがねなく砥用経由に変更を申請、1918（大正7）年3月認可された。このあたりは10～11頁の予定線ルートをご覧いただきたい。

## 3、第一期線春竹─滝川村工事着手と御船開業

免許獲得競争とは別に1913（大正2）年6月工事施行認可を得て、前出小山豊之助を代理人とし同年12月工事着手届を提出、工事が始まった。院線軽便線宮地線（後の豊肥線）の建設と呼応したのか起点を春日村

1932年の砥用開業に合わせて増備された5号機が牽く上り列車。緑川の橋脚もまだ新しい。客車は両端デッキ付に改造以前の側扉付であり、古い時代の撮影と思われる。
佐俣─甲佐　所蔵：熊本バス

から春竹村に変更している。1913（大正2）年1月提出の企業目論見書（1912年7月許可）変更願では「敷設する線路は熊本県飽託郡春日町字久末646を起点とし同郡本山村、本荘村、春竹村、田迎村‥（中略）‥上益城郡滝川村大字滝川137を終点とする8M6C」を「敷設する線路は飽託郡春竹村大字八王子54を起点とし同郡田迎村‥（中略）‥大字滝川137を終点とする7M46Cに変更す」とある。なお文中の以下括弧は鉄道省文書の関係個所からの要旨抜粋である。

　宮地線春竹駅と連絡することで白川を渡る必要がなくなり、路線が1M40C短くなったメリットは大きかったと思う。レールは30ポンド＝15kg/m、ドイツ製と国産併用、最小曲線半径7C＝140m、加勢川の橋桁は鉄道院九州倉庫払下げ品を使用したが一部の橋は木脚木桁であり、軽便的規格の構造物は以降国鉄貨車の積荷重増加、機関車の大型化とともに改良補強を繰り返すことになる。

　水路は多かったが地形は平坦であり順調に工事は進

み次のように営業が始まった。

1915（大正4）年4月6日

　春竹～田迎（たむかい）～中の瀬～鯰（なまず）：3M75C

1915（大正4）年11月7日

　鯰―上島（うへしま）―六嘉（ろくか）―小坂村（をさかむら）：計6M66C

### ■熊延鉄道の沿革

| 1912年 | 1月熊本軽便鉄道株式会社　資本金30万〈発起人村上一郎（玉名郡花籏村）ほか10名〉に飽託郡春日町―上益城郡滝川村間8M6C、軌間762㎜に免許状下付 |
| | 6月変更届　官線連絡のため、軌間762→1067㎜、資本金50万に増 |
| | 12月定款変更願　社名変更　御船鉄道株式会社〈1912年11月10日設立〉 |
| 1913年 | 1月熊本市春日町久末―飽託郡春竹村春竹は免許取消申請7M46Cに短縮 |
| | 2月鉄道院軽便線宮地線春竹駅連絡申請 |
| | 5月滝川村―同郡濱町延長線免許下付（大正元年10月御船鉄道発起人申請） |
| 1914年 | 6月鉄道院宮地線熊本―春竹―肥後大津間開業 |
| 1915年 | 4月春竹―鯰間開業 |
| | 11月鯰―小坂村開業 |
| 1916年 | 3月小坂村―御船（滝川村）間開業 |
| 1919年 | 1月増資、資本金150万 |
| 1923年 | 4月御船―甲佐間開業 |
| | 12月甲佐―原町間工事着手届 |
| 1926年 | 6月自動連結器交換竣功届 |
| 1927年 | 1月増資、資本金200万。定款変更願　社名変更　熊延鉄道、自動車運輸兼業 |
| | 12月未成区間のうち原町（砥用）―濱町間は免許失効 |
| 1928年 | 5月ガソリン動力併用認可申請、ガソリン動車購入申請（ガハ11、12） |
| 1929年 | 8月乗合自動車営業開始（1928年12月認可）熊本―甲佐―砥用―濱町―馬見原間 |
| 1932年 | 12月甲佐―砥用間開業 |
| 1934年 | 1月熊延乗合自動車を設立し乗合自動車事業を移管、沿線乗合業者を買収にかかる |
| 1936年 | 5月熊延乗合自動車を合併、バス路線をひろげる |
| 1940年 | 5月駅名変更　春竹→南熊本 |
| 1942年 | 1月ガソリン動車2輛代燃化申請 |
| 1947年 | 6月三菱重工業熊本工場専用線車輛を占領軍の許可のもと借入れ認可 |
| 1949年 | 1月倍額増資、資本金400万 |
| 1951年 | 1月気動車竣功届　ヂハ101、102。増資資本金1000万 |
| 1952年 | 7月気動車竣功届　ヂハ103 |
| 1953年 | 1月倍額増資　資本金2000万 |
| | 6月気動車竣功届　ヂハ201、202 |
| | 12月旅客列車気動車化12月29日ダイヤ改正 |
| 1956年 | 1月増資　資本金3000万 |
| 1960年 | 3月ディーゼル機関車竣功届、ＤＣ251 |
| | 5月豊肥線水前寺乗り入れ開始、朝夕2回 |
| 1961年 | 1月倍額増資、資本金6000万 |
| 1962年 | 11月日中列車の代行バス化 |
| 1964年 | 3月鉄道廃止、バスに転換 |
| | 5月社名変更　熊本バス株式会社 |

大正元年11月10日設立時の御船鉄道の登記簿の一部。取締役欄の筆頭に大淵龍太郎の名前が見える。
所蔵：国立公文書館

1916（大正 5）年 3 月 1 日

　小坂村—御船（みふね）：計 7 M 65 C

　宮地線は1914（大正 3）年 6 月肥後大津まで開業しており、1915（大正 4）年 1 月鉄道院と連帯運輸契約を結び 3 月に春竹駅共同使用が承認された。開業から50年間国鉄春竹（南熊本）駅ホームを発着に使用、国鉄に役務を委託していた。昭和30年代南熊本駅の助役 4 名の内 1 名が専ら熊延の業務にかかっていたそうである。用意されたピカピカの新車は15トン C タンク 2 、

小型ボギー客車 4 、貨車は 5 トン積有蓋車・無蓋車各 3 、4 トン積有蓋、無蓋緩急車各 2 の計10である。

　小坂村開通時の時刻表（12頁）によれば途中交換なして 8 往復の混合列車が走っていた。

### 4 、甲佐延長

　濱町までの二期線はルートの決まっている滝川村—同郡宮内村（甲佐）間を1915（大正 4）年 8 月工事着手届により着工した。延長455ｍの妙見隧道や径間90ｍの御船川橋梁など工事に時間を要し、工事竣工期限（原

期限1916年5月）を5回延期し、ようやく1923（大正12）4月28日営業を開始した。建設にあたり1919（大正8）年増資で資本金150万円となった。開業前日の4月27日付け監査報告書では要旨「隧道、橋梁比較的長大なるものに在りて工事頗る困難なり。機関車に客貨車7輌を聯結して所定最大速度を以て走行せしめるに線路車輌とも異常なく安全に運転せり。レール50ポンド（25kg／m）最小曲線半径10C（200m）最急勾配1/60」とあり監督局あて検査官からの営業差支えなしと

甲佐延長時に建設された妙見隧道。延長は455mで、当線唯一のトンネル。「甲佐開業記念絵葉書」（1923年4月発行）より　所蔵：岸由一郎

のウナ電報が打たれている。
　御船―邊田見（へたみ）―早川（そうがわ）―浅井（あさい）―甲佐（かうさ）：5M5C計12M56C
　早川停車場は開業直前4月26日下早川に変更を申請、直後の5月1日認可された。

■昭和初期の熊本市周辺鉄軌道と
熊延鉄道関係の予定線

阿蘇郡

馬見原

宮崎県西臼杵郡

1913.3出願延長線

1917.2変更申請路線
（推定）

濱町

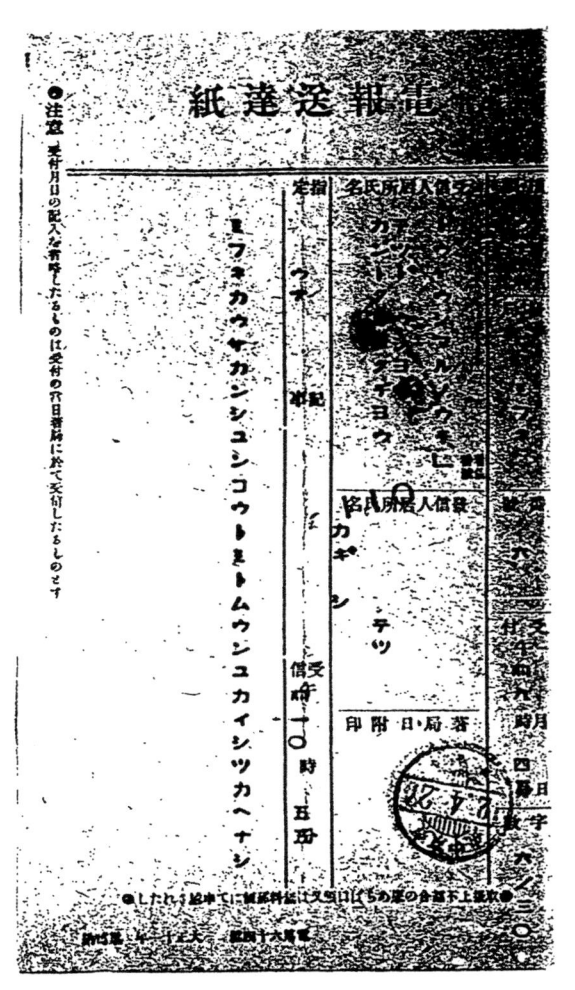

大正2年4月27日、検査官によって鉄道省監督局宛てに打たれた御船―甲佐間監査報告電報。　　鉄道省文書　所蔵：国立公文書館

## 5、熊延鉄道と改称、砥用開通

　甲佐—濱町間は1916（大正5）年12月施行認可をとり、工事竣工期限1918（大正7）年12月とされていたが、資金が集まらず工事着手延期願を1924（大正13）年12月まで9回繰り返している。一方1922（大正11）年4月公布の改正鉄道敷設法には119番高森—三田井—延岡、121番宇土—萱野（下益城郡中山村と思われる）—三田井（高千穂）の予定線があり、地元ではこれをつないで宇土—延岡間を延宇線と呼んでいた。予定線は推定だが前出の肥後鉄道の免許線、出願線と類似であり、佐俣付近から濱町までは御船鉄道免許線とも接近していたと思われる。鉄道省は1923（大正12）年の延期願に対しこれが最後と上記9回目の延期を認めた。御船鉄道はタイムリミットの1923（大正12）年12月18日付けで「不況で資金調達至難」として免許線の一部である甲佐—原町（砥用）5M12Cの工事着手届を提出して凌いだ。また建設を進めるため1927（昭和2）年資本金を200万円とするが、当時の払込は額面50円に対し5円／年であり、これだけでは足らず、別途借入が必要であった。増資の認可申請時の理由書ではあらまし「資本金50万円で創立、春竹—御船7M80Cを敷設その後大正8年4月100万円増資の認可を得、御船—甲佐間5M余の延長工事を完成、引続き甲佐—濱町18M余の工事着手の筈なりしも事業計画上手違いを生じその間経済界不振の為一時行き悩みの姿に相成リ、この上工事着手延期の御許可も困難と憂慮しさきに甲佐濱町間の内甲佐砥用間5M余の工事着手中なり、しかるに現資本金150万円の内未払込僅かに10万円余に過ぎざるをもって地方金融の状態を考慮し今回まず50万円の増資を為し是を以て建設費及び旧債償還の費途に充

当し、尚建設資金不足の分は当分借入金を以て之を補い之が借入金の支払いはさらに時期を見増資の計画之有」と事情を述べている。

　一方1927（昭和2）年1月定款変更で熊延鉄道に社名変更した。1928（昭和3）年に常務、1937（昭和12）年から1949（昭和24）年まで熊延鉄道の社長をつとめた田副清の伝記『田副清伝』には「御船鉄道は政友会内閣に依る宇土・延岡間の延宇鉄道計画に対抗する意味から、同じく延岡までの延長を企図して熊延鉄道株式会社と社名を変更、云々」とあり、2大保守政党時代のもと、民政党系の御船鉄道が城を守るため改称したのであろう。

　1925（大正14）年以降竣工期限延期願を繰返す内、1927（昭和2）年11月延期申請に対し、鉄道省監督局は建設局に延宇線の見込みを問い合わせるが、宇土—萱野間1931（昭和6）年末に着手、1936（昭和11）年竣工予定、萱野—三田井間予算計上未定と回答を得ている。これに対応して熊延鉄道は1927（昭和2）年12月竣工延期の義を上申した。要旨「建設資金の関係、線路の比較調査で数度の延期を経て今回の延期だが増資払込始まリ材料の準備も整って来た。延期を許可されないと経営上容易ならざる状態になる。そして甲佐—濱町間の内目下着手中の甲佐—原町間延長せざれば地勢上勾配その他の関係にて将来予定線の延宇線との連絡設備で他に適当な地点がなく特別な詮議で聞届願い度」。建設局を交えたやりとりの結果、1927（昭和2）年12月28日付けで竣工期限延期一部許可、残部却下となる。工事未着手の原町—濱町間免許取消理由は「本願路線は工事施行認可後10年余経過の今日未完成の僅数回の延期を重ねるも甲佐—原町間建設は将来省線と

### ■小坂村開通時の時刻・運賃表

『熊延鉄道40年の歩み』より　所蔵：熊本バス

小坂村開通時の時刻・運賃表（賃金表、上り春竹行、下り小坂村行の列車発着時刻表、大正四年十一月三日改正　春、竹　小坂村間列車発着時刻表　御船鉄道株式會社営業事務所）

山深い第一津留川橋梁をわたるヂハ100形。　　　　　　　　　　　　1964.1ころ　佐俣－南甲佐　所蔵：熊本バス

の連絡上必要にして成業確実と是認め残区間原町―濱町間実現覚束無く且つ将来の省線の建設により当初の目的は達せられるものと被認を以て伺い案の通りとる。備考一、前回延期の際今回限りの旨通牒せり。
一、原町以遠は差当たリ工事施行の意なき旨申告あり。
一、建設局打合せ済」であった。

　この後やっと銀行の融資を受け、西松組の協力のもと、更に4回の延期を重ね、ついに1932（昭和7）12月25日砥用延長がなった。監査報告書では「甲佐町から砥用町延長8239ｍは地勢険峻、架橋工事は緑川橋梁外長径間のもの6カ所を数えその延長630ｍに及ぶ難工事である。ガソリン客車1、機関車1、無蓋貨車4、客車1それぞれ荷重積載にて連結し所定速度で走行、線路車輌とも異常なく運転安全なり。使用開始の件支障なしとみとめ12月23日その旨打電せり」としている。
最小曲線半径340ｍ、最急勾配18.3‰、軌条30kg/ｍ
甲佐―左俣―釈迦院（しゃかいん）―砥用（ともち）：
8.2km計28.6km

　前出の『田副清伝』にはあらまし「将来延宇線建設の時は熊延の終点から先をやったらとの話がある。実現すれば熊延鉄道の買収になると思われる。これは朗報」とのくだりがある。不況と乗合自動車の競合は経営に打撃を与え、もはや線路を伸ばしても自力で回収が困難な時代になっていたのだろうか。

**6、経営と株主**
　営業報告書を縦覧すると甲佐延長の1923（大正12）

年あたりまでが高収益を保ち、配当は年6～7分を維持している。鉄道建設補助金を16回（1919年12月期）から24回（1923年12月期）まで受けていない。もっとも歴史的には補助金は大きな支えになっており1943（昭和18）年まで支給されていたようだ。1925（大正14）年の営業報告に「自動車の脅威云々」と有り、沿線乗合自動車との競争と不況は鉄道収入にインパクトを与え、1928（昭和3）年12月期から無配当、株主パスの廃止（1931年1月1日）など、1935（昭和10）年

**■表1　43回営業報告による沿線株主分布**

| 駅名 | 近接市町村 | 株主数 | 株数 |
|---|---|---|---|
| 春竹（南熊本） | 熊本市 | 140 | 5,350 |
| 田迎 | 田迎村 | 5 | 41 |
| 鯰・上島 | 大島村、杉上村 | 70 | 1,622 |
| 六嘉 | 六嘉村、豊秋村 | 49 | 2,405 |
| 小坂村 | 小坂村、高木村、陣村 | 29 | 1,011 |
| 御船・邊田見 | 御船町、木倉村、滝尾村、白旗村 | 270 | 9,844 |
| 下早川 | 乙女村 | 60 | 1,469 |
| 浅井 | 竜野村 | 67 | 1,660 |
| 甲佐 | 甲佐町、中山村、宮内村 | 202 | 3,863 |
| 佐俣 | 年祢村 | 100 | 944 |
| 砥用 | 砥用町、東砥用村 | 439 | 3,731 |
| 予定線経路町村 | 水越村、中島村、下矢部村、白糸村、濱町 | 162 | 2,263 |
| 申請線経路町村 | 御岳村、小峯村、朝日村、馬見原町 | 122 | 2,021 |
| 合計 | | 1715 | 36,224 |

1933年5月末43回期末。株主1,750名、総株数40,000株

13

ごろまで苦しい時代が続く。これを支えた役員は御船、甲佐、佐俣、砥用、濱町、それと熊本市の資産家、名望家でほとんど占められている。また1923（大正12）年甲佐、1932（昭和7）年砥用開業時の株主名簿を見ると沿線と予定線上にあたる矢部地区の町村株主が過半であり、5株以下の株主が52%と、全く益城地方の鉄道とわかる。

### 7、ガソリン客車の採用

大正末期より地方私鉄では乗合自動車との競合が見られるようになった。熊延鉄道も例外でなく、対策として1928（昭和3）年5月ガソリン動力併用を申請、同月自動客車購入認可を申請している。要旨「自動車の発達で弊社平行路線の営業車既に30台、業者間競争で客の奪い合いは汽車客の減少になった。自動客車併用で現在の中間に増発して回数の増加運転時分の減少をはかる」。また32回（1927年12月～1928年5月）報告書で「前期末自動車対策の旅客運賃割引する。自動車増で長距離客の著しき減少」「自動車連絡の改善を計リ増収に努めつつあり近く市電第2期線（辛島町―春竹間1929年6月20日開通）を待って増発を研究中」とあるが、表3のごとく収入減も大きい。結局砥用開業までに4輌のガソリン車を購入しているが、ガソリン車の活躍は1939（昭和14）年から次第に燃料の手当てが窮屈になり距離が減っている。

### 8、自動車運輸始まる

**■表2　持株別株主数＝株主構成（熊本県内）**

| 発行株数 | | 1923(T12).5.31現在 30,000株 | | 1933(S8).5.31現在 40,000株 | |
|---|---|---|---|---|---|
| 持株数 | 101以上 | 37 | 2.6 | 46 | 2.6 |
| | 100～51 | 69 | 4.8 | 111 | 6.3 |
| | 50～31 | 207 | 14.5 | 276 | 15.5 |
| | 30～11 | 121 | 8.5 | 185 | 10.4 |
| | 10～6 | 230 | 16.1 | 303 | 17.1 |
| | 5・4 | 324 | 22.7 | 269 | 15.2 |
| | 3・2・1 | 438 | 30.7 | 585 | 33.0 |
| | | 計1426名 | 100% | 計1775名 | 100% |
| | | 他府県株主7名183株 | | 同20名1,786株 | |

沿線の乗合バスに対抗した1928（昭和3）年のガソリンカー導入に加え、前年の会社定款変更で追加した自動車運輸兼業の認可を1928（昭和3）年12月に得た。翌1929（昭和4）年8月29日熊本―甲佐―砥用―濱町―馬見原間69.2kmを6台のバスで開業した。41回期末（1932年11月末）で6人乗り9台保有、収入11千円、費用9千円で同期の鉄道の約1/4の規模だった。自動車はまだ鉄道集客の手段だったようで、43回報告に「自動車は一時濱町―砥用間の無賃連絡輸送をなしたる為同業者間で旅客の争奪戦起り…」とある。1934（昭和9）年1月には熊延自動車運輸を設立して自動車部門を移管した。報告書では沿線同業社全部を買収し、一路線一営業とし、運転統一に伴い事故の減を期すとして、主に上益城郡内のバス路線一元化を打ち出してい

熊延初のガソリンカー、ガハ11。日よけのカーテンが目立つ元気な頃の姿。　　　　　　1939.9.30　春竹　P：大橋一央（所蔵：湯口　徹）

■表3　旅客輸送量と収入に対する不況と競合バスの影響

| 期間 | 輸送人員 | 旅客収入 | 運輸収入 | 営業費 | 備考 |
|---|---|---|---|---|---|
| 1925.12～　28・29回 | 517 | 124 | 171 | 104 | |
| 1927.12～　32・33回 | 523 | 89 | 135 | 102 | |
| 1929.12～　36・37回 | 500 | 83 | 122 | 99 | |
| 1931.12～　40・41回 | 486 | 68 | 93 | 81 | |
| 1933.12～　44・45回 | 601 | 106 | 133 | 119 | 砥用開業 |
| 1935.12～　48・49回 | 678 | 114 | 151 | 137 | |
| 1940.4～　58・59回 | 1,609 | 285 | 411 | 305 | 太平洋戦争直近 |
| | 千人 | 千円 | 千円 | 千円 | |

営業報告書より

■表4　輸送量と収入の推移（戦時体制進行）

| 期間 | 輸送人員 | 貨物輸送量 | 運輸収入 | 営業費 | 備考 |
|---|---|---|---|---|---|
| 1935.12～　48・49回 | 678 | 35 | 151 | 137 | |
| 1936.12～　50・51回 | 746 | 54 | 173 | 131 | |
| 1937.12～　52・53回 | 867 | 58 | 201 | 201 | |
| 1938.12～　54・55回 | 1,045 | 64 | 236 | 262 | |
| 1939.12～　56・57回 | 1,351 | 78 | 306 | 414 | |
| 1940.12～　58・59回 | 1,609 | 97 | 410 | 305 | |
| 1947.12～　72回(6ヶ月) | 1,386 | 37 | 8,129 | —— | 参考 |
| | 千人 | 千円 | 千円 | 千円 | |

72回は旅客最多の年度／営業報告書および社内報より

る。1936（昭和11）年5月臨時総会で再び兼営とすべく、熊延自動車運輸（株）の買収を決定した。同年11月末ではバス48台、総定員423名、8路線164.4kmに達していた。その後ガソリンの確保が難しくなる中、58回期末1941（昭和16）年11月で237.8kmの路線を持ち、収入も鉄道の187千円に対し155千円と伸びが見られる。1943（昭和18）年、熊本県の自動車営業統合が県の指導で進められた。『田副清伝』には県内を4ブロックに分けての統合を主張したが、抗しきれず統合会社九州産業交通（株）に貨物営業を譲り、旅客を守りきったとある。1944（昭和19）年の時刻表に砥用―濱町間連帯運輸バスの運行があり、木炭バスで戦中戦後を乗り切った。そして自動車事業は会社の大きなビジネスに

■表5　1日あたりガソリン車走行距離と燃料消費量

| 期間 | 走行距離 | 燃料消費 |
|---|---|---|
| 1936.12～　50回 | 337 | 130 |
| 1937.12～　52回 | 333 | 157 |
| 1938.12～　54回 | 275 | 112 |
| 1939.12～　56回 | 206 | ＊ 25 |
| 1940.12～　58回 | 164 | ＊ 20 |
| | km／日 | ℓ／日 |

営業報告書より／＊推測だが、56・58回は燃費率から見て正規入手の燃料を報告の対象としたと考えられる。

なっていく。

**9、戦時輸送**

　1936（昭和11）年以降バス事業が伸びる一方、鉄道も人・物の輸送が増え、表4の様に5年間で2.6倍の増

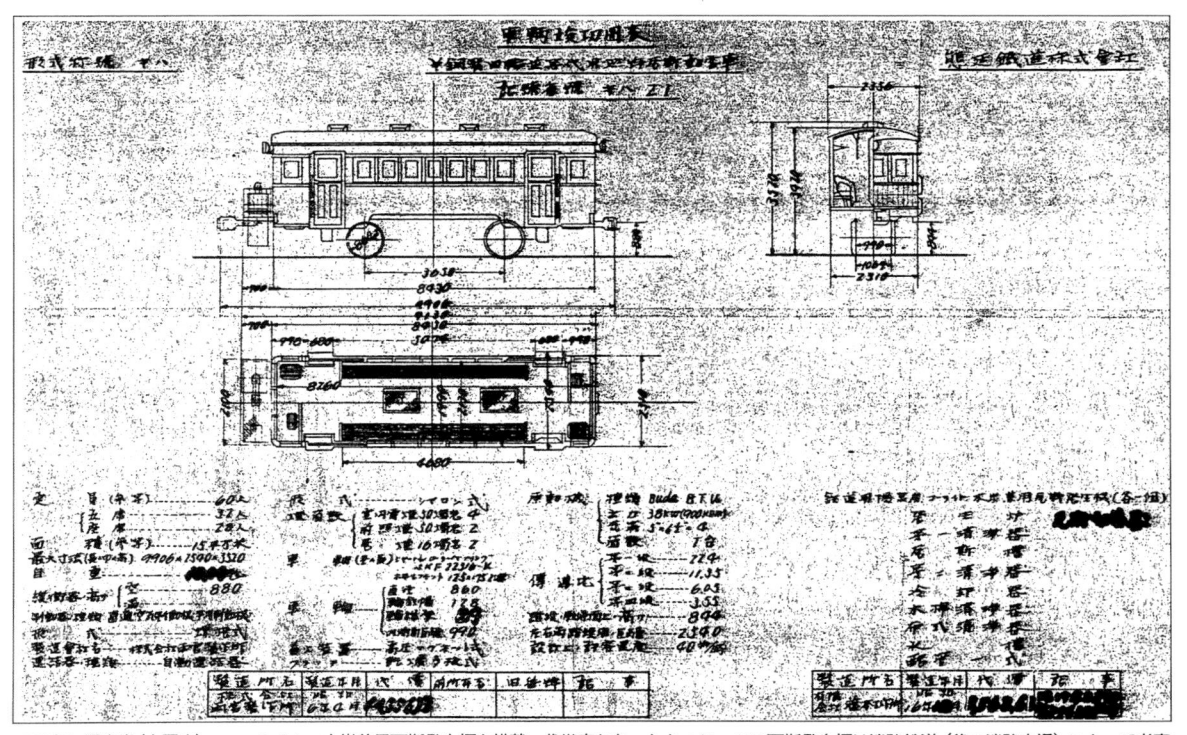

1942年に陽泉炭（中国産）、コーライト、木炭兼用瓦斯発生炉を搭載、代燃車となったキハ21。この瓦斯発生炉は淡路鉄道（後の淡路交通）によって考案されたものであった。

所蔵：湯口　徹

15

1950年に登場したヂハ101。就役当時は〝ましき〟（益城）という愛称を付けていた。同時に登場したヂハ102の愛称は〝たくま〟（託摩）。

1950.12　P：田上省三

収を見せている。これに対応するため1935（昭和10）年から中古の機関車、客車、貨車を購入している。しかし建設費の償却に加え燃料費その他物価の上昇で依然赤字決算が続いている。1942（昭和17）年から1950（昭和25）年の数字は見られなかったが、1947（昭和22）年で列車は9往復、濱町連絡バスも2往復あり懸命に走っていた。戦後も落ちついた1951（昭和26）年には利益2500千円をあげ配当は年5分と報告されている。

## 10、ディーゼルカーの導入と合理化

1950（昭和25）年当時は木造客車と客車化したガソリンカーを連ねた蒸機列車が運転されていた。1950（昭和25）年9月ディーゼル動車投入のため購入認可申請が出された。「25年度車輌新造計画により許可された内燃客車2輌」であり理由は「代燃車の運行で旅客を捌く、人件費燃料費の節約によって合理化を計る」とある。田副敏郎元社長（先代社長田副清の長男／1949〜

■熊延鉄道バス路線図　　　　　　　　　　90回1963年〜1964年3月営業報告書より　所蔵：熊本バス

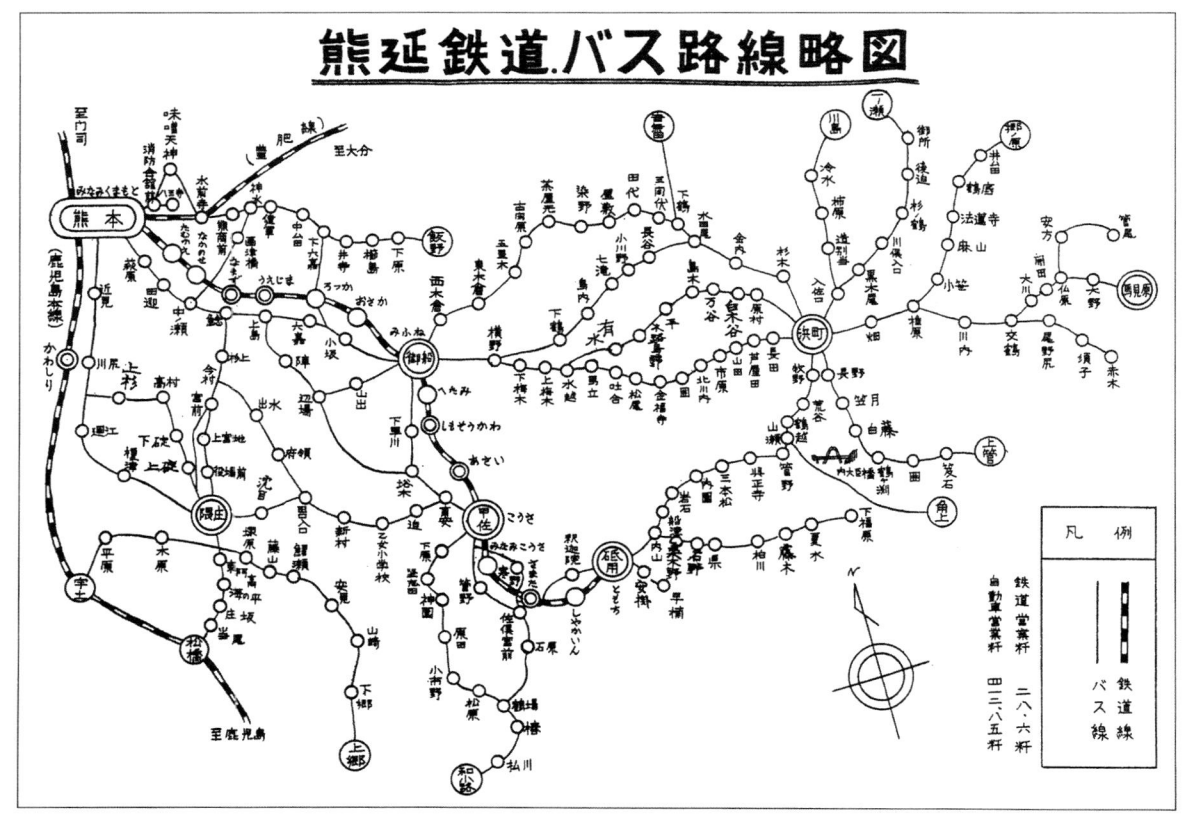

お別れ列車の先導列車。無煙化後も予備機として残されていた5号機が大役を勤める。　　　　　　　1964.3.31　佐俣―釈迦院　P：小澤年満

1992年社長）の熊延回顧録では、1950（昭和25）年11月30日県知事、地元首長、大株主、報道機関、業界等からの招待客を乗せ砥用まで試乗会を行ったとあり、復興のシンボルとして、また購入資金の一部として増資を行ったこともあり、ピカピカの新車のお披露目になったのであろう。その時の写真ではデッキに人が写っており、申請書のように代燃ガス発生炉が搭載されたかは疑問である。このディーゼル動車は1951（昭和26）年1月から営業に就いた。(注3)翌1952（昭和27）年1輌、1953（昭和28）年に2輌新製したが、申請の理由書では要旨「輸送力の増強をはかる半面経費の節減（79期1952年4月〜の報告書では石炭代10,427千円に対し軽油代1,072千円）と旅客へのサービスをはかる目的をもって昨年度よりディーゼル化を計画し現在3輌のディーゼル客車を運行中のところ更に今回2輌を増備して現在の蒸気機関車に依る混合列車を全廃、蒸気列車は貨物の運行のみとし旅客は全部ディーゼル車を以て運転し輸送の万全を期せんとするものです」としている。これらの購入にあたり増資、借入を行ったが、チハ200形2輌の時は一部手形で払っている。5輌揃ったところで客車はガソリンカー改造の3輌を残して廃止され客貨分離が進んだ。

当時、1954（昭和29）年度の鉄道とバスの数字を比べると、収入：鉄道53百万、自動車107百万と開いており、輸送人員もこの年鉄道1620千人、自動車1736千人と逆転している。単純に収入から費用を引くと鉄道△0.2百万、自動車20百万円である。1955（昭和30）年鉄道部門縮小、1960（昭和35）年ディーゼル機関車購入、豊肥線水前寺乗り入れ、釈迦院駅の貨物（石灰）取扱開始、1961（昭和36）年3駅委託化など対策は打たれたが、自動車部門との事業格差は広がっていった。

### 11、鉄道の廃止

1949（昭和24）年に倍額増資で資本金4百万円とするがその後増資は続き、1961（昭和36）年には60百万円に達し、自動車部門の拡大と鉄道の合理化に充てられた。前出回顧録では1954（昭和29）年の自動車工場、車庫新築時に鉄道の将来を予感する表現があり、1960（昭和35）年に燃料費節約のためディーゼル機関車を投入したがこれが鉄道事業に対する最後の設備投資と述べられている。両部門の収入と輸送人員は差が開くばかりで、路線図を見れば鉄道を幹として枝のようにバスが走っているが、幹が倒れない内に会社の将来を明るいものにしたいとの考えに固まってきたのか、1962（昭和37）年11月のダイヤ改正で日中バス化を実施、車庫を撤去して同年12月ランチセンター（弁当類製造）を設立、鉄道部門の人員を配転している。翌1963（昭

熊延鉄道最期の日。甲佐、御船とセレモニーを終えたお別れ列車が南熊本に到着したのは13時09分だった。　　1964.3.31　六嘉—上島　P：小澤年満

和38）年6月、日本マネージメント協会による経営診断を仰ぎ鉄道の存続は困難との結果が出され、これをきっかけに廃止の動きが具体化。役員が手分けして山梨交通（1962年7月廃止）、草軽電鉄（1962年2月廃止）などを訪問調査したり、社内の意思統一を図った。7月に沿線自治体、株主に説明し理解を求めた。8月報道関係に説明、地元各紙が関連記事を掲載、9月25日臨時株主総会で廃止を決議、10月1日利用者の同意書を付けて廃止申請を提出した。そして1964（昭和39）年2月14日地方鉄道運輸営業廃止許可が下り、3月30日で50年の鉄道営業が終わった。翌31日南熊本—砥用間で一往復のお別れ列車が蒸機列車の先導で運転された。回顧録では鉄道資産は東洋綿花が55.5百万円で落札とあり、工事列車が出て線路撤去が始まっている。

　因みに1964（昭和39）年3月期末のバス保有台数は92台、営業キロ412.8kmだった。

上島駅構内で始まった線路撤去作業。廃止後直ちにDC251の牽く工事列車が運転され、施設撤去が始まった。写真中央の犬釘を抜いている線路が砂利積線だった。
　　　　　　　　　　　　　　　　　　　　　　　　　　　　　　　　　1964.4　所蔵：熊本バス

大戦末期の通学定期券。　　　所蔵：堀田和弘

## 熊延鉄道路線図

※バックは地理調査所1：50000地形図「熊本」（1951年応急修正）、「御船」、（1951年応急修正）、「八代」（1953年応急修正）、「砥用」（1954年応急修正）（全て1954年発行）より転載（約53％縮小）

### ■駅名、駅間距離一覧

| 駅間距離(累計)km | 駅　名 | 開業 |
|---|---|---|
| 0 | 南熊本←1940/5/1春竹(はるたけ) | 1915/4/6 |
| 2.5(2.5) | 田迎(たむかえ) | 1915/4/6 |
| 0.8(3.3) | 良町(ややまち) | 1960/7/1 |
| 1.4(4.7) | 中の瀬(なかのせ) | 1915/4/6 |
| 1.6(6.3) | 鯰(なまず) | 1915/4/6 |
| 1.3(7.6) | 上島(うえじま) | 1915/11/7 |
| 1.6(9.2) | 六嘉(ろっか) | 1915/11/7 |
| 1.8(11.0) | 小坂村(おさかむら) | 1915/11/7 |
| 1.6(12.6) | 御船(みふね) | 1916/3/1 |
| 0.8(13.4) | 邊田見(へたみ) | 1923/4/28 |
| 2.3(15.7) | 下早川(しもそうがわ)←1923/5/1早川 | 1923/4/28 |
| 2.3(18.0) | 浅井(あさい) | 1923/4/28 |
| 2.4(20.4) | 甲佐(こうさ) | 1923/4/28 |
| 1.1(21.5) | 南甲佐(みなみこうさ) | 1956/12/10 |
| 3.4(24.9) | 佐俣(さまた) | 1932/12/25 |
| 1.7(26.6) | 釈迦院(しゃかいん) | 1932/12/25 |
| 2.0(28.6) | 砥用(ともち) | 1932/12/25 |

# 駅と沿線

　豊肥線南熊本駅（1940年5月1日春竹を改称）の3番線を着発線とし、3本の貨物線を挟んで車輛工場、事務所など鉄道機能が備わっていた。以下各駅配線を示す。1962（昭和37）年当時を線路略図、構内の写真と記憶を交え再現した見取図である。構内を外れると左にカーブして南下する。このカーブは半径7Cであったが1924（大正13）年8C＝160mに改良している。

　しばらく田園地帯を進み田迎を経て良町（ややまち）に着く。この停留場は1960（昭和35）年7月1日に、その年5月から始まった水前寺乗り入れに呼応して開設された。中の瀬を過ぎると加勢川を40ft桁5連の上路橋でわたる。次は最初の交換駅鯰である。島ホーム両側に上下線と貨物側線をもつ構内配線は以降終点砥用まで基本は同じであった。

　更に田圃の中を西に進むと右手に緑川の堤防が近づき上島である。この駅は緑川と御船川の合流点に近く構内に川砂利の積込み線が1917（大正6）年設置され、ここから鉄道院鹿児島、宮崎建設事務所に送られた記録がある。この砂利事業は一時期鉄道直営（1949年まで）であり、1939（昭和14）年貨物64千トンのうち砂利6.6千トン、翌1940年は78千トンに対し9.1千トンと盛んであった。21頁の図のように1950（昭和25）年当

国鉄の所有であった南熊本駅3線で待機するヂハ201。ホーム上の布団袋もなつかしい。　　　　　　　　1954.3.14　P：湯口 徹

南熊本を発車し、最初の駅、田迎に接近する下り列車。
　　　　　　　1961.9.1　南熊本－田迎　P：中村弘之

■南熊本駅（0k000m　海抜10.01m）

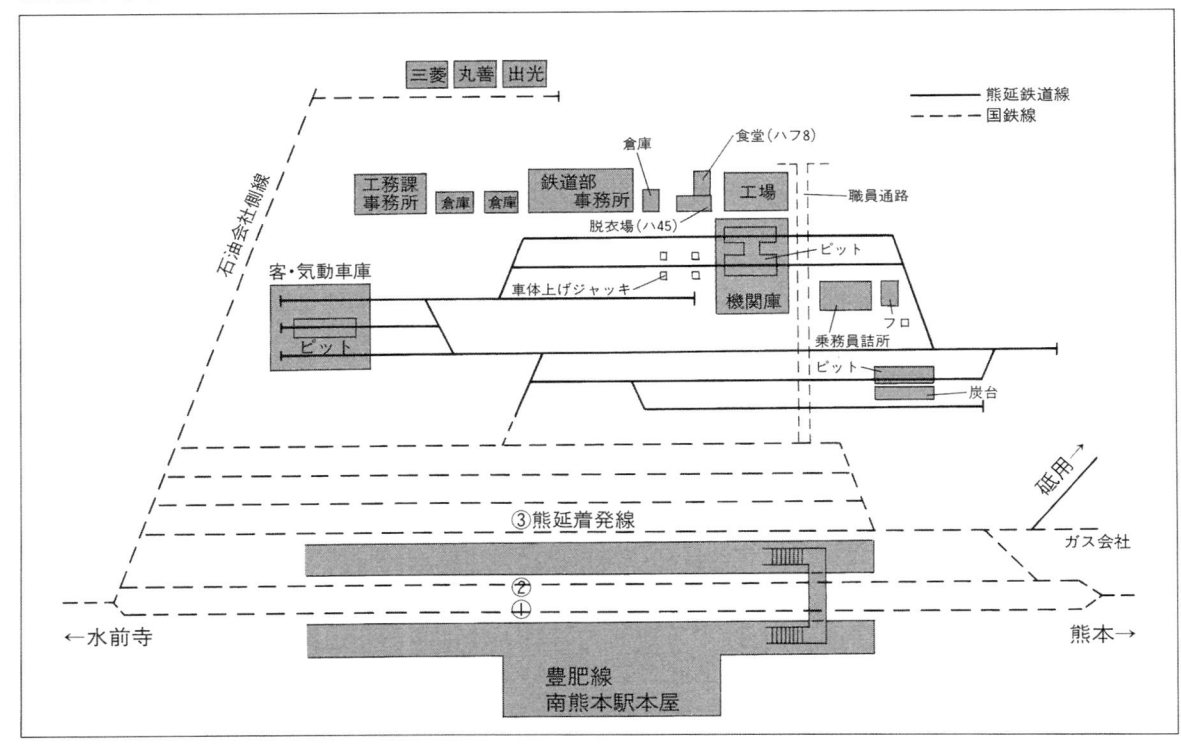

鯰駅に進入する上り列車。ヂハ101と102の兄弟同士の交換。

1963.8.13　P：中村弘之

■鯰駅（6k340m　海抜6.65m）

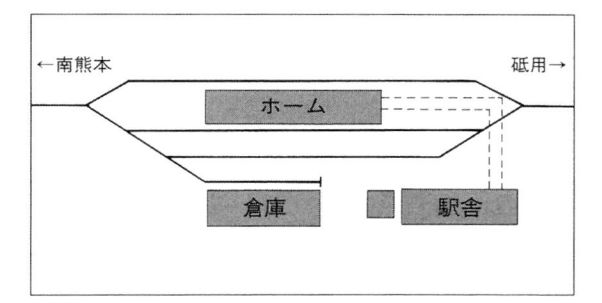

■上島駅（7k614m　海抜8.69m）

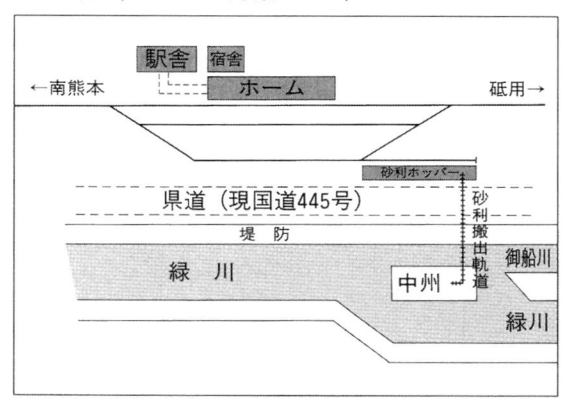

■御船駅（12k588m　海抜15.88m）

1916年の開業から1923年の甲佐開業までの間、終着駅だった御船駅のホーム。上下線の外側は側線である。　1961.11　P：堀田三直

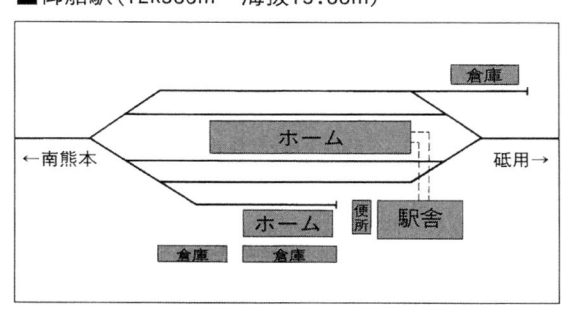

御船町の南、邊田見駅にデハ202が到着、車掌が集札する。
1964.1ころ　所蔵：熊本バス

下早川駅。交換設備はあったが、列車の交換はあまりなかった。
1964.1ころ　所蔵：熊本バス

浅井駅。下校時なのか、デハ101から降り立つ乗客には女子高生が目立つ。
1964.1ころ　所蔵：熊本バス

## ■下早川駅（15k736m　海抜21.98m）

←南熊本　　　　　　　　　　　　　　　　砥用→

ホーム

倉庫　　駅舎

## ■浅井駅（17k904m　海抜29.42m）

倉庫

材木置場

ホーム　　便所　　駅舎

←南熊本　　　　　　　　　　　　　　　　砥用→

ホーム

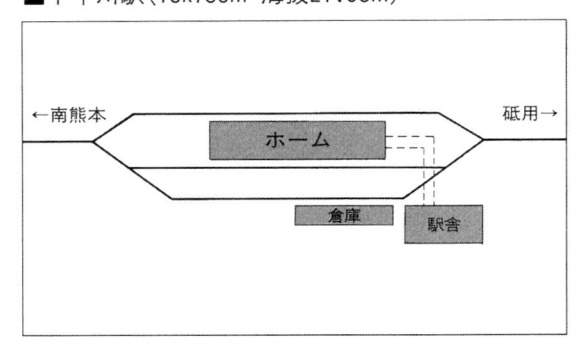

甲佐駅。1932年まで終着駅であり構内も広い。中央に下り列車用の給水塔がある。
1964.1.13　P：田澤義郎

## ■甲佐駅（20k483m　海抜33.07m）

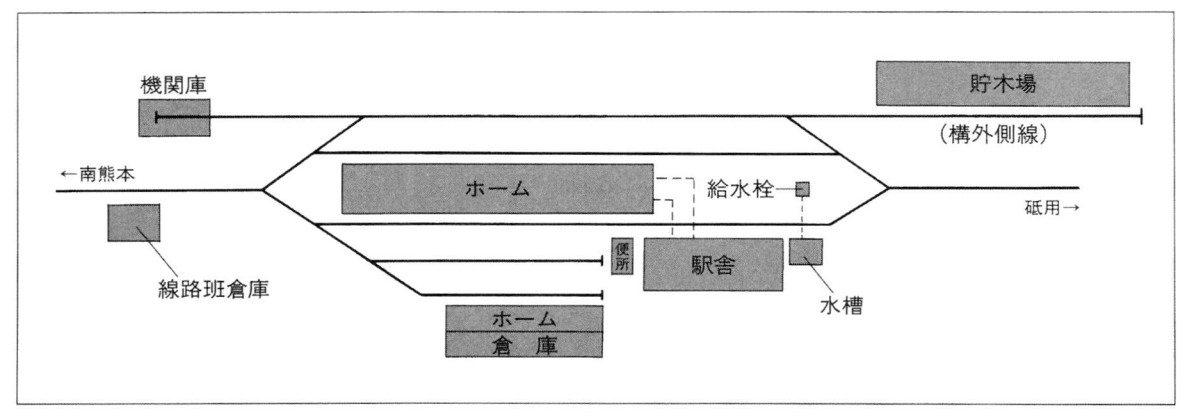

機関庫

貯木場

（構外側線）

←南熊本

ホーム　　給水栓

便所　駅舎　　砥用→

線路班倉庫

水槽

ホーム
倉　庫

六角トンネルを左に見て津留川右岸に沿って走る。この落石よけトンネルは今でも通行できる。　1964.1.11　南甲佐－佐俣　P：田澤義郎

佐俣駅の上りヂハ101。ホーム後方に石灰工場の上り窯が見える。石灰は主な佐俣の産品だった。　1964.1ころ　所蔵：熊本バス

## ■佐俣駅（24k882m　海抜93.44m）

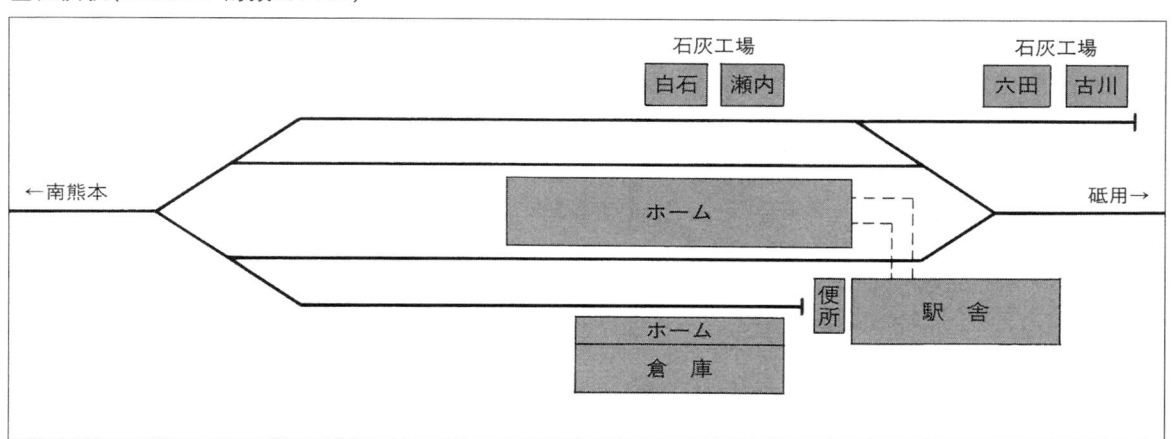

佐俣を出た上り列車はすぐ第一津留川橋梁を渡る。ちょっとした渓谷の雰囲気が漂う。　　　1964.1.11　佐俣－南甲佐　P：田澤義郎

山々に汽笛を響かせ、第二津留川橋梁を渡る5号機牽引の下り貨物。佐俣駅は左後方になる。　　　　　　　1964.1.11　釈迦院ー佐俣　P：田澤義郎

時、川の中洲から軽便軌道がありBタンクがいたという。上島から線路は南西を向き御船川を右に見て六嘉、小坂村を経て一期線の終点御船に着く。御船町は上益城郡の中心地で木材の集散地であり多くの造り酒屋があった。駅は街の北にあり南部分に邊田見がおかれた。この停留場は1950（昭和25）年10月1日開設の記録があリ、一時廃止されていたらしい。

　線路は南下しすぐに径間86mの御船川橋梁を渡リ、延長455mの妙見トンネルを抜けると緑川流域に出る。下早川（しもそうがわ）、浅井と次第に狭くなった田地の左辺を通り山合いの開けた部分にある甲佐町に入る。町の北に位置する甲佐駅は給水設備や気動車庫が有リ

開業以来折返し列車があった。また構内には内大臣官林からの木材搬出軌道（熊本営林局内大臣森林鉄道）が入っていた。町の南に南甲佐駅が1956（昭和31）年12月設置され、町民の便を図った。

　線路はそのまま南下し緑川をわたると田圃を抜け山合いに入る。途中六角トンネルと呼ばれた落石止めを過ぎ、東に向きを変え津留川を渡ると佐俣に着く。駅の構内に石灰工場があり専用のテムが乗入れていた。また国鉄延宇線の代行ともいえる省営バス佐俣線（宇土ー松橋ー熊延佐俣前1934年6月開業。1948年3月から砥用延長[注4]）の終点であった。佐俣駅を出ると右にカーブして再び津留川を渡るが次駅釈迦院まであと3回川を横切る。第五津留川橋梁を渡ると釈迦院である。停留場だったが、前出回顧録ではディーゼル機関車1輌を購入し燃料費の節約をはかる一方、釈迦院駅の貨物取扱を開始しとあり、1960（昭和35）年に側線を設けた。なお線路は東進し第6津留川橋梁で川の右岸に出ると砥用である。駅は町の西端に置かれ駐泊用の機関庫、給水塔、炭台があった。ここから濱町迄の予定線は10〜11頁の図に示したが、実現すればスイッチバックを設けた25‰勾配の山岳線になる筈だった。

### ■釈迦院駅（26k110m　海抜116.39m）

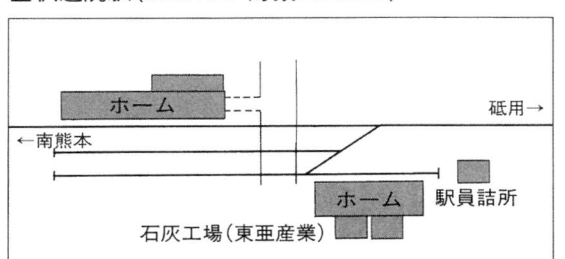

終着駅、砥用。駅前ではマツダのオート三輪が列車の到着を待つ。沿線で木造モルタルの駅舎は珍しかった。　　　　　1963.8.13　P：中村弘之

## ■砥用駅（28k642m　海抜139.49m）

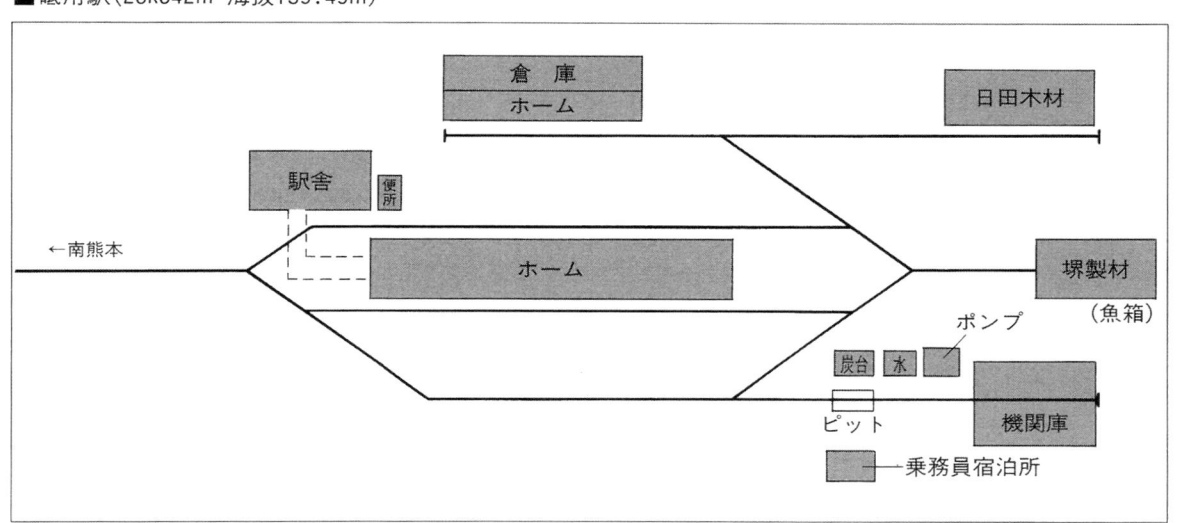

砥用駅構内。運転士がヂハ101に給水する。駅前のボンネットバスはどこ
へ向かうものだろうか。　　　　　1963.1.1　P：田尻弘行

砥用駅構内にあった２線式の木造機関庫。右１線しか残っていないが、
濱町延長を考慮して２線にしたと思われる。1963.8.13　P：中村弘之

3405牽引の上り混合列車。1951年2月認可の改番(→11)は未実施で使用
されていたのが判る、貴重なひとコマである。

1953年春　中の瀬一峪　P：松本昌太郎

佐俣から南甲佐に向かい展望が開けると左に緑川橋梁が見える。上り列車から。　1964.1ころ　佐俣ー南甲佐　所蔵：熊本バス

## 運行

　あらましは、1915（大正 4 ）年蒸機混合列車に始まり、1928（昭和 3 ）年ガソリン車併用、1934（昭和 9 ）年には沿線のバス対抗でガソリン車増発がみられる。その後1941（昭和16）年秋、ガソリン供給停止から蒸機列車のほか代燃車、蒸気動車が使用され、列車回数も減じている。1951（昭和26）年から新造ディーゼル車の併用が始まり、1954（昭和29）年客貨分離、列車回数所要時間とも戦前レベルになった。1962（昭37）年には早朝、夜間と日中バス代行となり、1964（昭和39）年廃止に至った。

　ランダムに時刻表から調べた運転回数と所要時間を表 6 に示すが、これと営業報告の列車走行距離を突き合わせると、1915（大正 4 ）年の開業から甲佐延長の

1923（大正12）年まではすべて混合列車で、 8 ～ 9 往復、約70分運転、 2 ～ 3 輌の客車を連結していたようである。昭和になると乗合自動車との競争からガソリンカーが走り出し、1931（昭和 6 ）年には春竹ー甲佐

蒸機：蒸機列車　GC：ガソリン車　DC：ディーゼル車　無記入は不明
所要時間は時刻表より代表的と思われる数値をとった。

**■表6　旅客列車（含混合、気動車）往復回数と所要時間**

| 区間 | 春竹ー小坂村　11km | 春竹ー御船　12.6km | 春竹ー甲佐　20.4km | 春竹ー砥用　28.6km |
|---|---|---|---|---|
| 1915年11月3日 | 8往復　蒸機上下38分 | | | |
| 1916年3月1日 | | 9往復　蒸機上下38分 | | |
| 1923年5月1日 | | | 9往復　蒸機上下70分 | |
| 1929年4月改正 | | | 13往復　上下GC60・蒸機70分 | |
| 1932年4月1日 | | | 15往復　上下GC54・蒸機65分 | |
| 1934年12月1日 | | 3往復　GC上下28分 | 2往復　GC上49・下48分 | 11往復　上GC69 蒸機93・下GC72 蒸機98分 |
| 1936年3月1日 | | 4往復　GC上49・下48分 | | 10往復　上GC69 蒸機91・下GC72 蒸機100分 |
| 1940年7月1日 | | 4往復　上53・下53分 | | 8往復　上GC87 蒸機98・下GC86 蒸機104分 |
| 1944年6月5日 | | 1往復　上下32分 | 1往復　上58・下55分 | 7往復　上100・下110分 |
| 1946年8月1日 | | | 2往復　上57・下62分 | 7往復　上95・下105分 |
| 1950年12月10日 | | 2往復　上38・下36分 | 2往復　上下64分 | 7往復　上95・下101分 |
| 1952年7月1日 | | 3往復　DC上下27分 | 1往復　DC上53・下47分 | 10往復　上DC69 蒸機91・下DC73 蒸機110分 |
| 1953年12月29日 | | 1往復　DC上下27分 | 3往復　DC上下49分 | 11往復　DC上70・下74分 |
| 1956年4月10日 | | | 3往復　DC上下42分 | 12往復　DC上60・下62分（熊延鉄道最速） |
| 1960年11月1日 | | | 3往復　DC上下48分 | 12往復　DC上67・下69分水前寺乗入れ2往復 |
| 1962年9月1日 | | 1往復　DC上下28分 | 2往復　DC上48・下47分 | 12往復　DC上下69分 |
| 1962年11月1日 | | | | 鉄道7往復　上67・下69分バス5往復上86・下87分 |
| 1964年4月1日 | | | バス上下合計9便　上下52分 | バス上下合計25便　上下78分 |

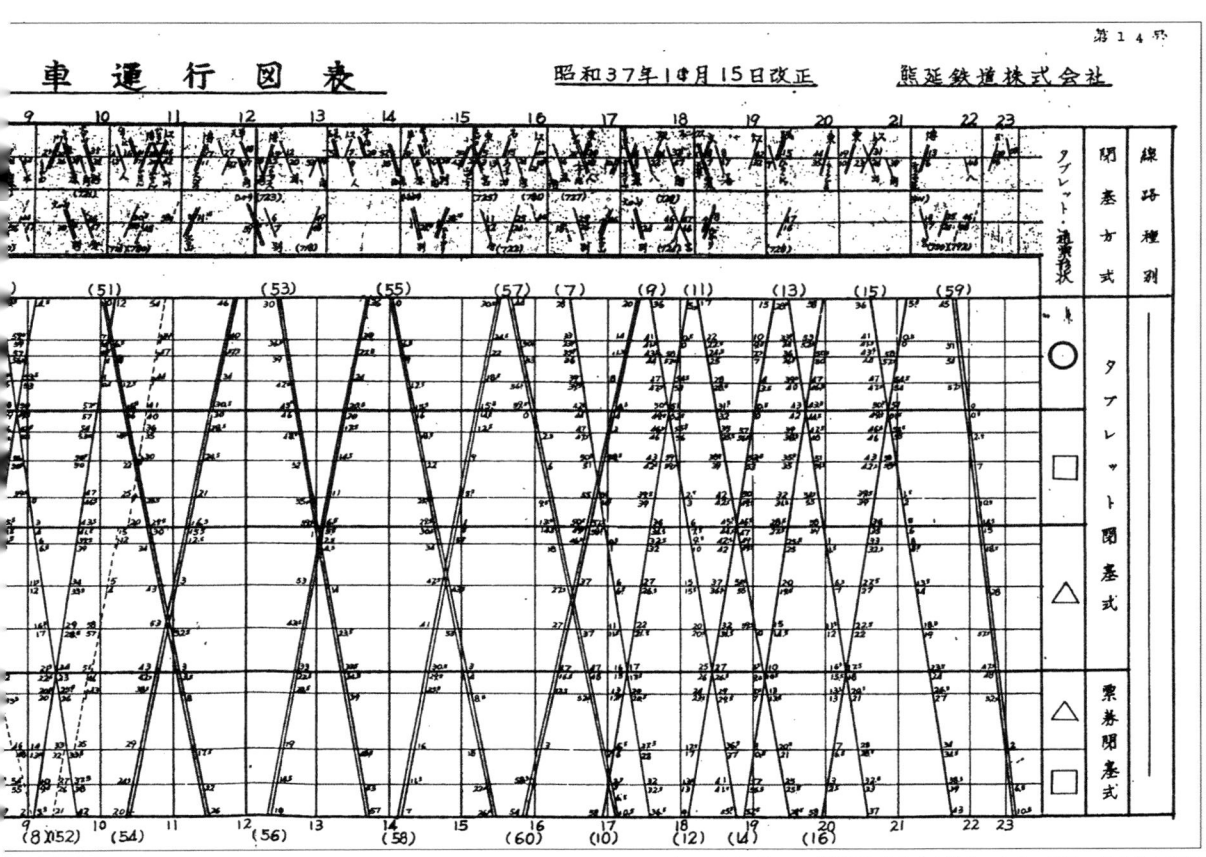

# 車 運 行 図 表　　昭和37年10月15日改正　　熊延鉄道株式会社

日中バス代行ダイヤ　「熊延鉄道廃止申請書」より　所蔵：国立公文書館

南熊本駅午前8時。御船で客車2輌、鯰で先頭にDCを連結し4連となった4列車が到着する。廃止間近でもラッシュは変わらない。左1番線は豊肥線の下り列車。

1964.1ころ　所蔵：熊本バス

所蔵：中村弘之

が15往復に増えている。時刻表では列車動力の区別が判らないので所要から推定すると、ガソリン車は54分、蒸機は65分を要している。この勢いは1932（昭和7）年末の砥用開業後も続き、1934（昭和9）年末では春竹－御船間3往復28分、春竹－甲佐間2往復48分、春竹－砥用間11往復で、所要はガソリン車69分、蒸機93分である。同期の1日当たりの列車キロは792kmで、気動車は392km走っている。しかし1938（昭和13）年から始まったガソリン使用規制の影響により1940（昭和15）年以降列車本数は漸減し、ガソリン車の走行キロは同年12月期1日当たり164kmに下がり、逆に客車走行キロが増加している。大戦中の1944（昭和19）年は9往復と開業時と同様に戻り、所要時間もすこし延びている。

戦後は1949（昭和24）年から列車本数は増加に転じたが、1935（昭和10）年当時並に戻るのはディーゼル車が入った1951（昭和26）年以降であり、1952（昭和27）年の14往復は区間運転はディーゼル車、砥用までは蒸機列車4本、ディーゼル車6本と所要から推定される。1953（昭和28）年にはディーゼル車が5輛となり、4輛使用1輛予備の運用が可能となる。旅客はす

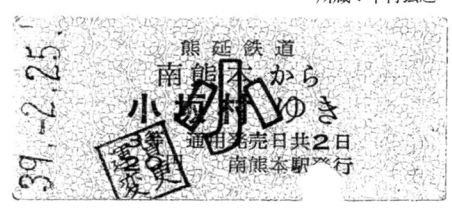

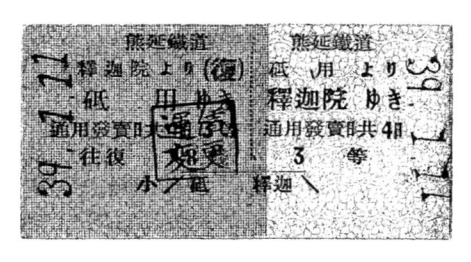

べてディーゼル車となり、区間運転を含む15往復体制が1962（昭37）年11月まで続く。

近隣の鹿本鉄道では1950（昭和25）年12月から新造のキハ1・2を使用して朝夕に国鉄植木－熊本間乗り入れを始めているが、熊延鉄道も南熊本－水前寺間乗リ入れを1957（昭和32）年に熊鉄局に要望し、ややって1959（昭和34）年7月申請、翌年4月17日認可で5月1日より朝夕2往復の乗り入れが始まった。主に大江、水前寺地区の11校の通学客を対象にしたとされ、その効果で定期客が対前年10.5%増と1960年度の報告書にある。この乗り入れは1962（昭和37）年11月時刻変更で中止された。この変更では早朝の上り、最終の下りと日中4往復の列車が代行バスに置換えとなり、この状態が1964（昭和39）年の廃止まで続いた。廃止が近づいても減便はなく、60%を占める定期客を主体に一定の乗客があった事を物語っている。

1964（昭39）年4月1日から代替バス16輛による17往復（続行は外数）でバス化された。なお所要時間は甲佐まで52分、砥用まで78分と長くなっている。

砥用駅頂の列車代行バス。1962年からは10～16時代の列車がバス代行化された。
1963.8.13　P：中村弘之

# 熊延鉄道の車輌

加勢川橋梁を行く I 形牽引の上り混合列車。

「甲佐開業記念絵葉書」（1923年4月発行）　中の瀬一鯰　所蔵：岸由一郎

# 1　蒸気機関車

## 1・2号

　開業時に用意された大日本軌道鉄工部製15トンCタンク機である。1輌使用1輌予備で春竹―御船間の列車牽引にがんばった。1号は1941（昭和16）年に7号と入替えに宇佐参宮鉄道に、2号は1936（昭和11）年に6号と交代するように「牽引力不足、代わる25トン機関車別途購入申請」を理由に廃車、小島工業所に売却された。(注5)

## 3・4号

　甲佐開業の1923（大正12）年新造された雨宮製18トンCタンク機である。3号は7号と入替えに名古屋鉄道に1941（昭和16）年売却。4号は戦後まで残リ1950（昭和25）年廃車になっている。

　なお、国鉄が実施した自動連結器交換は直通しない社線専用車にも国鉄の指導のもと行われ、改造費半額負担として1輌225円（3・4号は105円）の改造補助金が支給された。熊延では1925（大正14）年8月申請、1926（大正15）年6月竣功届で、機関車4輌、客車8輌、貨車13輌にシャロン式自連が付けられた。

## 5号

　1932（昭和7）年12月の砥用延長にあたり予算14,500円で日本車輌から購入した25トンCタンク機である。以後は25トンクラスのCタンク機が増備された。1960（昭和35）年ディーゼル機関車購入後も貨物列車用予備機で残リ、1964（昭和39）年3月の廃止記念列車で最後の舞台を勤めた。なお、1928（昭和3）年申請の

**4号**　ボイラーに対しサイドタンクが大きく見える18トン機。
1939.9.30　春竹　P：大橋一央（所蔵：湯口　徹）

**5号**　1927年から1964年まで形をほとんど変えることなく生き抜いた。
1951.8.27　南熊本　P：田上省三

31

甲佐一原町（砥用）線路工事方法書の車輌の部では「機関車1C1タンク2輌40トン軸重11.1トン、客車ボギー車80人乗リ3輌貨車5輌」とされている。しかし砥用延長は資金難のなか敢行されており、現実にはこの5号やガソリンカーの導入のみに終っている。

## 6号

　貨物の増加で5号機と同等の機関車が必要になり、木曽川水系の大同電力大井ダム建設線（のちの北恵那鉄道大井線）の1号（1921年日本車輌製25トンCタンク機）を、車輌幹旋業者である小島栄次郎を代理人として1936（昭和11）年8月に購入申請、9月に監督局から大略次の照会があった。

「機関車走行キロ平均100キロ／日、列車2組予備2輌もあり運行上不足せざる様被認するが1輌増車の理由は」

　これに対し10月に「貨物激増、21年経過時々多額の修繕費要」と回答している。代価14,838円。

## 7号

　6号機購入後も貨物は益々増加し、1941（昭和16）年3月、飯山鉄道（現JR飯山線）3号の譲受認可申請を行った。長くなるが当時の事情理解のため、増備理由の要旨を示す。

「現在所有は25トン2台、18トン2台、15トン1台で内大型機2台小型機1台を定期に使用残2台を入替え又は予備に使用しかるに小型機老朽のため常に破損し現在の客貨を円滑に輸送出来ない。大型はいいが小型機使用の場合は列車遅れ客車は減車貨車は分割輸送等苦しいことに毎日列車遅れは事故につながる。また常に修理は不経済であり非常時局下の資材入手難のため大型機を酷使せざるべからずこれで大型機損傷は交通報国の使命果たせない。大型機1輌増備で牽引力増加列車遅れ防止で経済的に有利である。大型機入手後は小型機2台不要の為と財政上の理由で売却を計画している」

**2代目2号**　大戦中小倉鉄道から借入、のち購入した。写真は廃車直前と思われる。　　1950.7.13　南熊本　P：奈良崎博保

**6号**　5号機に続く増備の25トン機。大同電力大井ダム建設線から転入した。　　1950.4　南熊本　P：故 土田喜三次（所蔵：奈良崎博保）

**7号**　戦時輸送を乗り切るため更に増備された27トン機。もと飯山鉄道1号機。　　1951.7.4　南熊本　P：奈良崎博保

　1922（大正11）年日本車輌製27トンCタンク機で、代理人は小山豊之助、代価は経費込みで47,232円。なお、この機関車は実車は飯山1号だったようで、3号は日本ニッケル鉄道に向かったようである。

## 2代目2号

　もと小倉鉄道4号で、1915（大正4）年ドイツ・ヘンシェル製25トンCタンク機。1942（昭和17）年1月付けで「当社所有機関車修繕のため不足を告げ小倉鉄道から1輌借り受けたい。6輪連結番号4」と申請し（1942年2月14日小倉一南熊本間甲種回送）[注5]、当初2〜4月の50日間とされていたが6月末まで延長している。ところが1943（昭和18）年5月1日の小倉鉄道国有化後、10月に「43年4月30日及び6月24日を以て省より借入使用中のC3　4号機払下げお願いしていたが、8月20日資材局長宛売買契約書を提出し代金（15,983円）送ったので使用許可相成リたし」と譲受使用認可申請が出されている。買収後には省番号が付けられていないし、小倉鉄道時代末期から熊延にいたとも考えられる。1950（昭和25）年7月廃車。

## 2代目1号

　最後の新造蒸機だが1942（昭和17）7月に新造認可を受け、1944（昭和19）年11月設計認可申請、同12月14

2代目1号　1943年9月製だが、認可は1946年5月。5号に比べ動輪が大きいのが判る。　　　　　　　　　1953.10.24　P：奈良崎博保

2代目1号の牽く下り混合列車。空車の国鉄貨車と自社の緩急車、客車をつないでいる。ヂハ200形投入の前、混合列車最後の春である。
1953年春　中の瀬−鯰　P：松本昌太郎

3410（10）　南海鉄道から播州鉄道を経由して博多湾鉄道汽船に入線した3410号。チムニーキャップやドームが光っている。この機関車だけ砥用向きだった。
1950年　南熊本　P：田上省三

3405（11）　豊州鉄道と博多湾鉄道汽船で2度の国有化を経験した3405号。煙突はストレートに変っているが、ピッツバーグの銘板は残っている。
1950年　南熊本　P：田上省三

日竣功監査願ときて、照会・回答のやりとりの後、認可は戦後1946（昭和21）年5月決裁であるが、戦中から使用していたと思われる。5号と比べ動輪径・ボイラーが若干大きく、自重も28トンである。1959（昭和34）年度にディーゼル機関車と交代廃車になった。予算55,940円。

### 8号

三角の海軍施設部から入った1919（大正8）年日本車輛製の13トンBタンク。1949（昭和24）年に見かけた事は報告されているが、本当に取得したか去就の判[注6]

る資料は見当たらなかった。

### 10号（3410）・11号（3405）

博多湾鉄道汽船（現JR香椎線）で使用されていたアメリカ・ピッツバーグ製1C1タンク機。1942（昭和17）年に西日本鉄道に合併後、1944（昭和19）年の国有化により省3410（2代目）・3405となった。前歴は3410（1896年製造）：南海鉄道→播州鉄道→博多湾鉄道汽船、3405（1898年製造）：豊州鉄道→九州鉄道→鉄道省→博多湾鉄道汽船で、3405は2度の国有化を経験している。

熊延では1950（昭和25）年10月車輛改造認可申請と

### ■11号（3405）竣功図

所蔵：国立公文書館

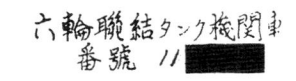

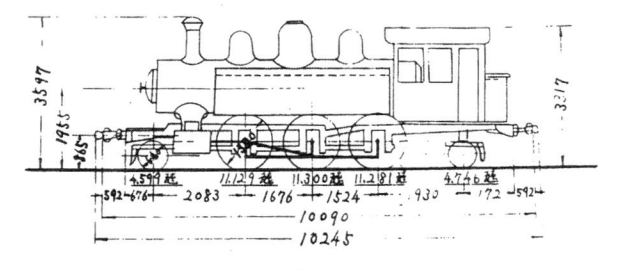

形式稱號3400

六輪聯結タンク機関車
番號　11■

| 汽筒　径　及　衝　程 | ------ | 381×559 |
| 実用最高汽圧 | ------ | 10 kg/cm² |
| 火　床　面　積 | ------ | 1.32 m² |
| 伝　熱　面　積 | ------ | 69.5 〃 |
| 焔　管 | ------ | 62.5 〃 |
| 火　室 | ------ | 7.0 〃 |
| 運転整備時機関車重量 | ------ | 43.060延 |
| 全　上　働輪上重量 | ------ | 33.71 〃 |
| 空車時機関車重量 | ------ | 35.58 〃 |
| 水　槽　容　積 | ------ | 2.9 立方米 |
| 燃　料　槽ノ容積 | ------ | 1.1 〃 |

| 最大寸法（長×巾×高） | ------ | 10.245×2.413×3.597 |
| 焔　管（径×長×数） | ------ | 45×2.946×169 |
| 車　軸（径×長） | ------ | ジャーナル----ホキルフィット |
| 導輪軸 | ------ | 101×212---98×142 |
| 働輪軸 | ------ | 152×206---149×171 |
| 従輪軸 | ------ | 101×212---98×142 |
| 制動機ノ種類 | | 蒸汽並二手用制動機 |
| 聯結器ノ種類 | | 自動聯結器 |

| 製造所名 | 製造年月 | 代 | 價 | 前所有者名 | 舊番号 | 記事 |
|---|---|---|---|---|---|---|
| 米国ピッチバーク ロコモチブヴォークス | 明治二十九年 | 11号 | 300.524円 | 運輸省 會上 | 3405号 | |

**3405(11)** 一見解体中のようだが、実は屋外で六検中の姿。ジャッキアップされ、棒台枠やイコライザー等下回りがよく判る。
1949年　南熊本　P：田上省三

**3415(12)** 3415の熊延時代を示す貴重なひとコマ。空制装置をもっているが、熊延鉄道で使用したのか興味のあるところだ。
1950.7.13　南熊本　P：奈良崎博保

同時に3410を10、3405を11に番号変更を申請、翌年2月認可されているが、写真を見る限り新番号は付いてない。また下記改造による側水槽の水抜きパイプ（水位規制）も見当たらない。この改造申請書には「昭和23年8月31日運輸省より譲受けたる車輌図面の通り改造、甲佐－砥用間に使用致し度」とあり、譲渡に係わる物品売買契約書には「貸渡中の3410、3405　2輌で601,048円」とあるだけで、省からいつから借りていたかは判らない。また、この改造は水タンク、炭庫の容量を減じ軸重を軽くするものだが（最重の第3動輪で

11.98 t →11.28 t）、それまでの実績がありながらなぜ改めて申請したのかはわからない。

**12号**

省3415（1907年製造）が1949（昭和24）年に熊延鉄道に入った事は写真でも判明したが、動向を示す資料は探せなかった。

**5704号**

大牟田の三池鉱山で働いていた省5704を1946（昭和21）年から一時借用していた。1948（昭和23）年には返却されたようである。[注6]

**5704**　動輪上重量約26トンのこの機関車は、熊延の線路規格を超えている。一体、どのように使われたのであろうか。　1948年　南熊本　P：田上省三

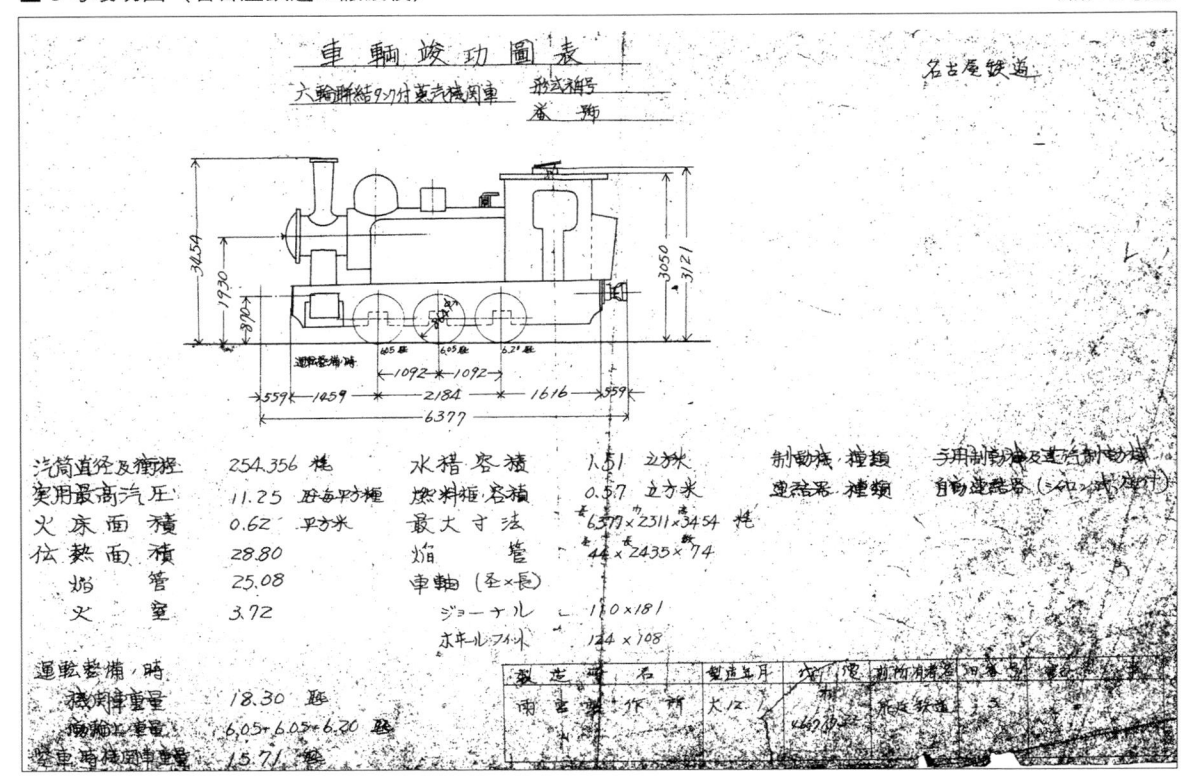

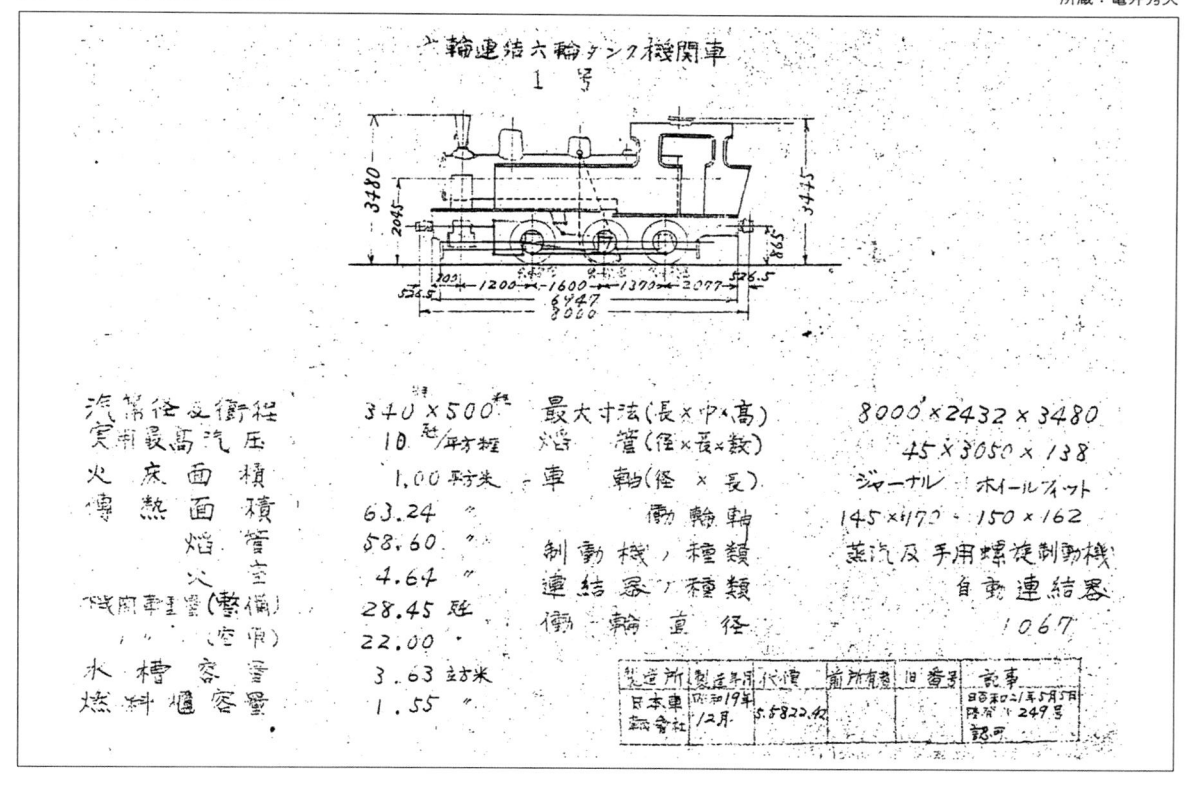

## ■蒸気機関車諸元

数値は認可申請時の設計書記載値を基本とし、一部は竣功図による

| 番号 | 1・2 | 3・4 | 5 | 6 | 7 | 新2 | 新1 | 10・11 |
|---|---|---|---|---|---|---|---|---|
| 軸配置 | C | C | C | C | C | C | C | 1C1 |
| 固定軸距 | 7ft | 7'2" | 3050mm | 2800 | 2800 | 2800 | 2970 | 3200 |
| 気筒直径 | 10in | 10 | 330mm | 330 | 350 | 330 | 340 | 381 |
| 衝程 | 14in | 14 | 410mm | 451 | 450 | 457 | 500 | 559 |
| 実用最高気圧 | 160psi | 160 | 13kg/cm² | 13 | 12.66 | 12 | 13 | 10 |
| 火床面積 | 8.1ft² | 6.7 | 0.88m² | 0.88 | 0.88 | 0.87 | 1.0 | 1.32 |
| 伝熱面積 | 312ft² | 306 | 51.24m² | 45.3 | 48.59 | 48.59 | 63.24 | 76.5 |
| 焔管 | 274ft² | 271 | 46.65m² | 41.0 | —— | 44.32 | 58.6 | 69.5 |
| 火室 | 38.1ft² | 35 | 5.04m² | 4.3 | —— | 4.27 | 4.64 | 7.0 |
| 焔管外径 | 1ft1/2in | 1'3/4" | 45mm | 45 | 45 | 44 | 45 | 45 |
| 長さ | 7ft2in | 7'5" | 2684mm | 2686 | —— | 2692 | 3050 | 2946 |
| 本数 | 100本 | 74 | —— | 121 | —— | 125 | 138 | 169 |
| 運整重量 | 15t | 18 | 25.4t | 25.41 | 27 | 25.76 | 28.45 | 43.05 |
| 動輪上重量 | 5t | 1軸5.95<br>2軸5.95<br>3軸6.1 | 1軸8.38t<br>2軸8.64t<br>3軸8.38t | 8.4 | | | 1軸9.48<br>2軸9.48<br>3軸8.49 | 1軸11.13<br>2軸11.30<br>3軸11.28 |
| 動輪直径 | 2ft4in | 2'10" | 914mm | 914 | 914 | 914 | 1067 | 1320 |
| 最大長 | 22ft6in | 20'10" | 8040mm | 7879 | 8005 | 8172 | 8000 | 10245 |
| 最大幅 | 7ft4in | 7'5" | 2422m² | 2642 | 2642 | 2660 | 2432 | 2413 |
| 最大高 | 12ft | 11'4" | 3450m² | 3454 | 3454 | 3578 | 3480 | 3597 |
| 水槽容量 | 600gal | 400 | 3.5m² | 3.93 | 4.09 | 4.09 | 3.63 | 2.65 |
| 燃料槽容積 | 24.5ft³ | 20 | 1.0m² | 1.47 | 1.47 | 1.00 | 1.55 | 1.1 |
| 製造所 | 大日本軌道 | 雨宮 | 日車 | 日車 | 日車 | 独・ヘンシェル | 日車 | 米・ピッツバーグ |
| 製造年 | 大2 | 大12 | 昭7 | 大10 | 大11 | 大4 | 昭19 | 明29・31 |
| 前所有・旧番 | 新造 | 新造 | 新造 | 大同電力1 | 飯山3 | 小倉4 | 新造 | 省3410(Ⅱ)・3405 |
| 購入 | | | | 昭11 | 昭16 | 昭18 | | 昭23 |

第一津留川橋梁を行くDC251牽引の上り貨物。

1964.1ころ　南甲佐一佐俣　所蔵：熊本バス

## ■DC251竣功図

所蔵：中村弘之

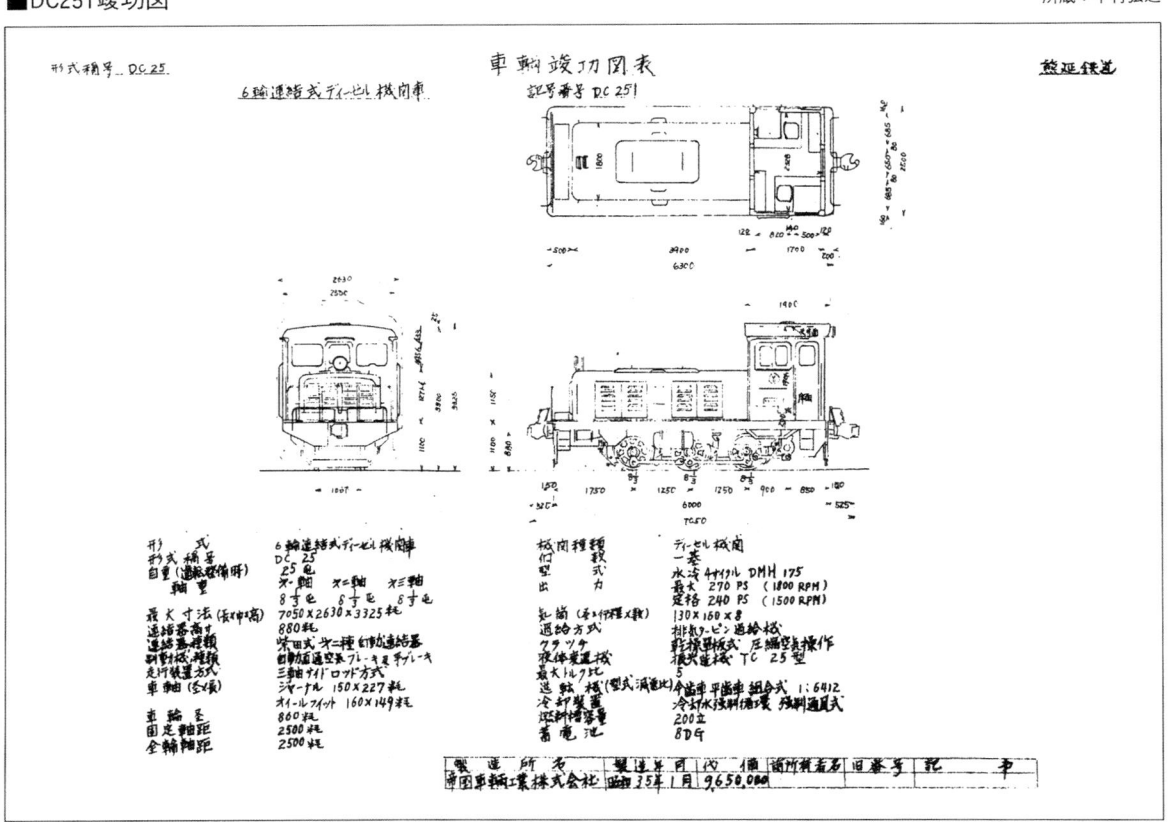

DC251　オレンジの車体に緑帯の新色で登場、大きな砂箱や車端のブレーキホースが目立つ。
1960.3.12　南熊本　P：田尻弘行

DC251　L型ロコだが完全な両運転台構造で、扉の位置が左右で違っている。
1963.8.6　南熊本　P：中村弘之

## 2　ディーゼル機関車

### DC251

　1960（昭和35）年貨物列車用に残っていた蒸気機関車置き換えのため、帝国車輌から購入したロッド式25トン機である。エンジンは気動車用DMH17に過給機をつけ最大270馬力を出し流体変速機TC2.5と組合わせている。熊延の機関車では初めて列車ブレーキ用のエアホースを車端に持っている。蒸気機関車は自車の蒸気ブレーキと手ブレーキで貨物を山から下ろしてい

たから、直通ブレーキは国鉄貨車を連結したときは有効だったと思う。廃止後、線路撤去に使われたが、1964（昭和39）年4月には早くも次の職場である江若鉄道に甲種回送された。

## 3　気動車

### ガハ11・12→ハ11・12

　1928（昭和3）年、当時としては大型の両運転台ガソリン客車を梅鉢鉄工所から2輌購入した。1輌8,975円とあるが、当時の営業報告書では毎期修繕費が載っている。いつから走り出したか判らないが、購入した昭和3年6月期からガソリン消費量の報告も始まっている。戦時中も代燃化改造は受けていない。1954（昭和29）年4月設計変更認可で客車化しているが、実際にはそれ以前から写真のように客車として使用されていた。

### ガハ21→キハ21

　1931（昭和6）年2月認可で60人乗リ単車（11,792円）を雨宮製作所から購入した。屋根の薄い角張った車体に1D7D1の窓配置の雨宮標準車である。この車の入手の頃からガソリン車の運行も順調になったのか、38

ガハ11　形式はガハだが端面の窓はふさがれ、実質的には客車化していた。
1950.7.13　南熊本　P：奈良崎博保

ハ11・12　窓はすべて復活したが、1954年4月には正式に客車となった。
1963.3.22　南熊本　P：阿部一紀

ハ11の車内　背ずりがなく簡素な造りである。ガソリンカー時代の名残はあまり感じられない。
1963.1.10　P：中村弘之

回1930（昭和5）年12月期からガソリン消費量に加えガソリン車走行距離が営業報告に載るようになった。1942（昭和17）年1月設計変更申請、予算2,200円で淡路鉄道考案による淡鉄式陽泉炭、コーライト、木炭兼用ガス発生炉を取り付け、ガソリン併用の代燃車キハ21になった。1945（昭和20）年7月空襲で被災、1948（昭和23）年廃車手続きがとられた。

### ガハ31→キハ31→ハ31

砥用開業を控え1932（昭和7）10月認可で日本車輌から60人乗リ片ボギー車（予算11,000円）を購入した。申請は日本車輌内藤春次郎を代理人に委任しなされている。このような委任は度々見られるが、監督局との折衝をスムースに運ぶ為であろう。これでガソリン車が4輌揃い動力併用が本格化する。1942（昭和17）年に代燃化、キハ31となりやはリ1954（昭和29）年客車化、ハ11、12とともに鉄道廃止まで使用された。

ハ31　片ボギーガソリンカーの面影をよく残している。ハ11・12と共に廃止まで使われた。　　　　1960.3.12　南熊本　P：田尻弘行

### ヂハ101・102

1950（昭和25）年汽車会社製ディーゼルカー。全室運転台は気動車では珍しい。塗色は窓部クリーム色、窓上下明るいブルーの車体に屋根は銀色だった。車体側面に101は〝ましき〟、102は〝たくま〟と沿線の地名からとった愛称が描かれていた。塗装は後にDC251と同じオレンジの車体に窓の上下帯を濃緑にしていた。水前寺乗リ入れには専らこの2輌が使われ、廃止後は電車を気動車に切り換えた玉野市に転じた。

### ヂハ103

1952（昭和52）年2月「元島原鉄道ガソリン客車（キハ104）を購入の上（九州車輌で）ヂーゼル客車に設計使用致したく」と認可申請した改造新車ともいうべき車だが、廃止までよく見かけた。101形の増備という感じの小型車である。客室床はDA54エンジンのカバーが盛り上がっていた。このころ九州では島原鉄道、大

ヂハ101の偏心台車（新製当時）　左側の駆動輪に砂箱が付いていた。
1950.12　P：田上省三

ヂハ103＋ハ31　103は101と同じ塗色で入線したが、ハ31の窓下はより淡い青色であった。　　　　1957.2.28　田迎－中の瀬　P：松本昌太郎

ヂハ101　金太郎塗りになったころ。片側に大きなバケットを持ったこの気動車は、熊延廃止後は玉野市営に転じた。　1955.12　南熊本　P：田上省三

## ■気動車諸元表　　　　　　　　　　　　　　　　　　　　　　認可申請時の設計書及び竣功図による

| 形式 | ガハ | ガハ | ガハ | ヂハ100 | ヂハ | ヂハ200 | キハニ1 |
|---|---|---|---|---|---|---|---|
| 番号 | 11,12 | 21 | 31 | 101,102 | 103 | 201,201 | 3 |
| 車体構造 | 木造鋼板貼り | 半鋼 | 半鋼 | 半鋼 | 半鋼 | 半鋼 | 木造 |
| 最大寸法長さミリ | 8536 | 9206 | 10020 | 16500 | 13120 | 17600 | 15186 |
| 高さ | 3328 | 3520 | 3555 | 3670 | 3555 | 3725 | 3792 |
| 幅 | 2640 | 2540 | 2642 | 2740 | 2640 | 2733 | 2616 |
| 車体内寸法長さミリ | 7318 | 8260 | 9160 | 12680 | 12180 | 16840 | |
| 高さ | 2185 | 2180 | 2280 | 2290 | 2275 | 1950 | |
| 幅 | 2230 | 2130 | 2260 | 2430 | 2366 | 2420 | |
| 自重　トン | 7.5 | 9.5 | 9.5 | 20 | 15.68 | 22 | 22.85 |
| 定員（座席）名 | 50(22) | 60(28) | 60(24) | 100(48) | 84(40) | 130(64) | 70(44) |
| 車体支持方式 | 単台車 | 単車 | 片ボギー | ボギー | ボギー | ボギー | ボギー |
| 固定軸距　ミリ | 3658 | 3650 | 5000 | ボギー間10900 | ボギー間7300 | ボギー間12000 | ボギー間10058 |
| 台車軸距　ミリ | | | 1500 | 1800及び2100 | 1500及び1900 | 2000 | 1676 |
| 機関方式 | 4サイクルガソリン | 4サイクルガソリン | 4サイクルガソリン | 4サイクルデイーゼル | 4サイクルデイーゼル | 4サイクルデイーゼル | 飽和蒸気 |
| 〃　形式 | E..T.U | B.T.U | 6MS | DA55 | DA54A | DMH17 | 常用気圧11.2 |
| 〃　メーカー | 米　Buda | 米　Buda | 米Waukesha | 日野 | 日野 | 振興 | |
| 出力/回転数 *1 | 49hp/900rpm | 52hp/900rpm | ・41.78kw/1600rpm | 99hp/1600rpm | 110hp/1700rpm | 150hp/1500rpm * 3 | |
| ボアxストローク | 4.25inx5.5in | 5inx6.5in | 95x120mm | 120x160 | 120x160 | 130x160 | 178 × 305 |
| 気筒数 | 4 | 4 | 6 | 6 | 6 | 8 | 2 |
| 変速機歯車比1速 | 低速　3.37 | 6.4km/h * 2 | 5.2 | 4.21 | 5.45 | 5.44 | 火床面積0.41 |
| 2速 | 中速　2.67 | 12.5km/h * 2 | 3.68 | 2.44 | 3.05 | 3.05 | 伝熱面積20.07 |
| 3速 | 高速　1.00 | 23.5km/h * 2 | 1.186 | 1.55 | 1.78 | 1.78 | （焔管）16.94 |
| 4速 | —— | 40km/h * 2 | 1.00 | 1.00 | 1.00 | 1.00 | （火室）　3.13 |
| 逆転機歯車比 | 5.208 | 3.55 | 5.2 | 4.25 | 4.22 | 3.489 | |
| 制動装置 | 手 | 手・空気 | 手 | 手・空気SM3 | 手・空気SM3 | 手・空気SM3 | 手・蒸気 |
| 製造年 | 昭和3 | 昭和6 | 昭和7 | 昭和25 | 昭和27 | 昭和28 | 明治45 |
| 製造所 | 梅鉢鉄工所 | 雨宮製作所 | 日本車両 | 汽車会社 | 九州車両 | 帝国車両 | 汽車会社 |
| 備考 *1最高出力 | | 1942年代燃化 *2 900rpmの時 | 1942年代燃化 | 1962年トルコンTC 1.5に取替え | 元島原キハ104 | 1961年トルコンTC2 *3連続出力 | 小倉鉄道キハニ3 |

■ヂハ100形（101・102）竣功図（変速機交換後） 所蔵：中村弘之

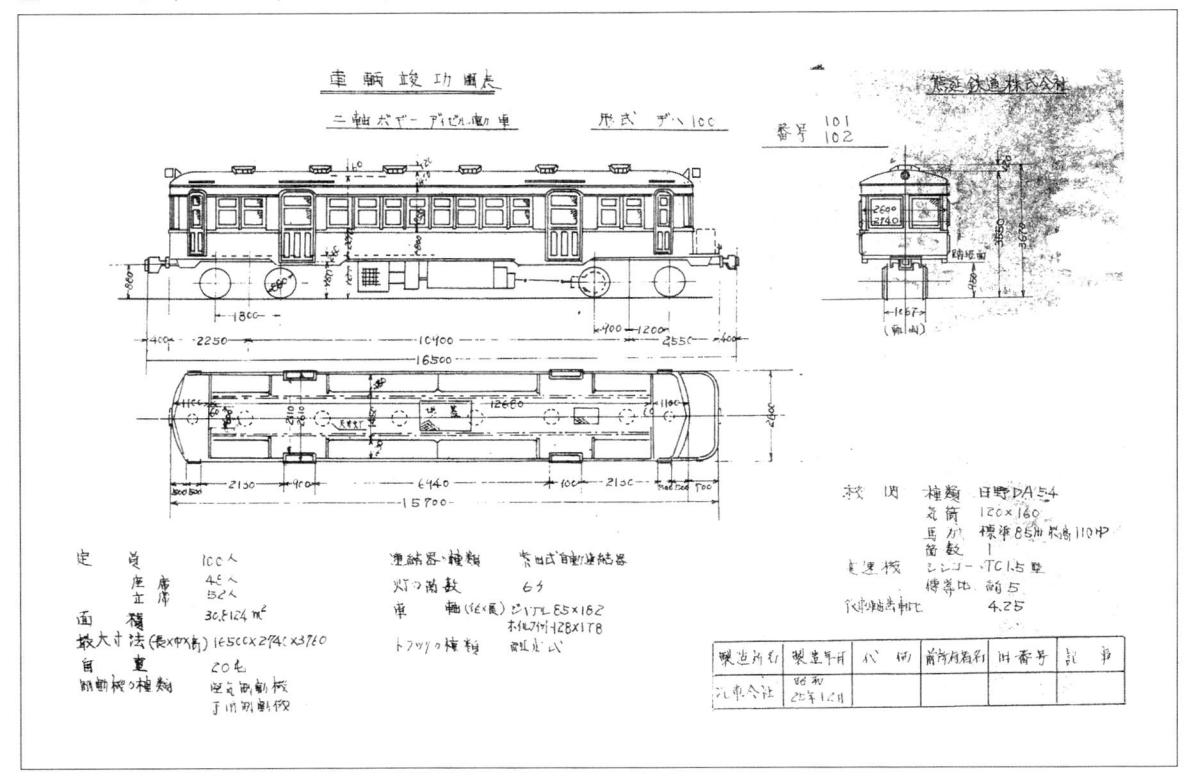

■ヂハ200形竣功図（変速機交換後） 所蔵：中村弘之

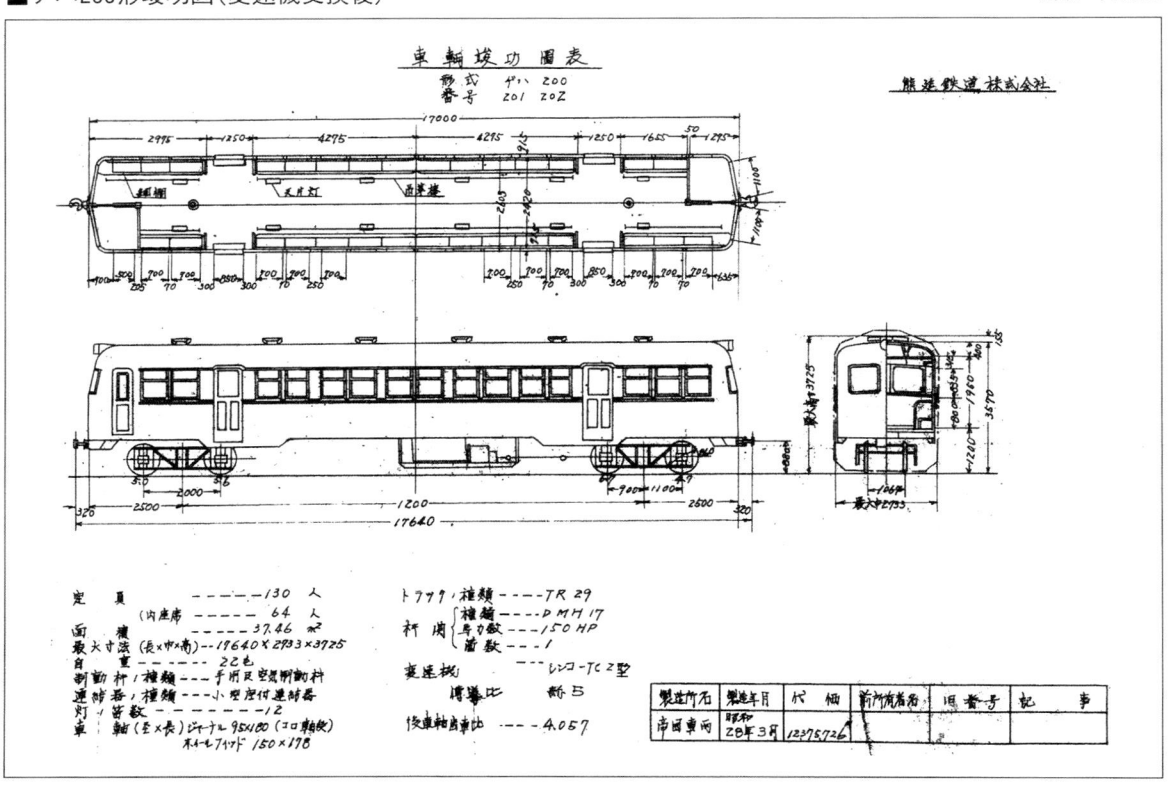

**ヂハ103** オレンジの車体に緑帯の塗色に塗り変えられた後の姿。
1963.3.22 南熊本 P：阿部一紀

**ヂハ201** 田圃の中、夏の風を一杯に受けて走る。前面窓の上昇は熊延気動車の特徴だ。
1953.7.26 田迎一中の瀬 P：松本昌太郎

分交通が国鉄買収気動車の払下げ車で内燃化を進めたが、熊延鉄道、南薩鉄道は新造車に依っている。

**ヂハ201・202**

1952（昭和27）年12月設計認可を申請、1953（昭和28）年6月竣功届けが出されている。あしかけ3年で5輌の気動車を揃え、旅客サービス向上と燃料費節約の意向が窺われる。車体長を17mとし定員130名の熊延最大の車が誕生した。エンジンは国鉄キハ42500形で使い始められたDMH17で、変速機は機械式だったが1961（昭和36）年に流体変速機に交換している。しかし重連設備はなく、ブレーキも単車用直通ブレーキのままだった。運転台は片隅ボックス式になり、扉間は幅700mmの窓が5組並び、初めて見た時はクロスシートにしないのは惜しいと思った。廃止後江若鉄道に転じ1969（昭和44）年同鉄道廃止まで琵琶湖畔を走った。

**キハニ3**

1942（昭和17）年9月申請（1942年6月富野→南熊本回送）[注5]、買収直前の1943（昭和18）年2月認可で小倉鉄道の蒸気動車キハニ3を導入している（代価18,000円）。走行実績[注7]1943（昭和18）年30,860km、1944（昭和19）年16,347km、1946（昭和21）年22,959kmと、当時の列車時刻表から推定すると自社の代燃車に代わって御船及び甲佐往復に使用されていたようである。戦後しばらく走ったが1950（昭和25）年7月廃車。

# 4 客車

自社発注は創業時の4輌と戦後の代用客車2輌のみで、国鉄、私鉄からの木造車を使い廻した。1948（昭和23）年度18輌に達したが気動車の投入により整理が始まり1955（昭和30）年度には姿を消した。

**ハ1・2／ロハ3・4**

1913（大正2）年開業に備え用意された全長30ftの小型ボギー車である。車輪径も610mmと小さく、1940（昭

**ヂハ202** 後年、窓の上下は淡青色になった。ヂハ200形は熊延の廃止後は江若鉄道に転じている。
1960.3.12 南熊本 P：田尻弘行

和15）年にはすべて姿を消した。最大寸法長さ32ft6in、幅8ft3in、高さ11ft8in、ボギー中心20ft、台車軸距12ft、車輪径2ft、自重8t、定員ハ48／ロ10＋ハ32名。

**ハ5・6**

1915（大正6）年10月国鉄客車購入を申請。形式1005番号1775・1776の2輌購入、軸距12ft、自重6.6t、定員50名。ハ6は1943（昭和18）年12月認可で荷物車ニ1（積重4t）に改造。1922（大正11）年5月に全客車の照明をカーバイドガスから電灯に変更の届けが出ている。

**ロハ7・8**

甲佐開業を1年後に控え二三等客車2輌を加えた。1922（大正11）年10月購入申請国鉄ロハ866・867。軸距12ft、自重7.25t。定員はロ16・ハ28名。ロハ8の後身のハ8は長命で戦後まで見られた。

**ハ9・10**

甲佐開業で利用客が一期（6カ月）30万人に達し1925（大正14）年12月認可で名古屋鉄道より四輪客車2輌購入。旧形式・番号　9：寅はへ　15号／10：丑は　9号。

**ハフ41・42**

1935（昭和10）年2月認可で国鉄ハ1539・1540を購

**ハ8** 側扉付き箱型車体をオープンデッキに改造している。
1951.8 南熊本 P：田上省三

**ハフ41** 1935年認可で入線。デッキには手ブレーキのハンドルが見える。
1955.3.26 P：青木栄一

入。この車は車輌代976円と共に広島―春竹間運賃44.4円が記録されている。後に1937（昭和12）年2月設計変更認可で便所撤去、車掌室手ブレーキ設置を行っている。

### ロハ43

同じ1935（昭和10）年4月認可で鹿本鉄道ハ3（定員44名、自重10.2ｔ）を合造車として使用した。鹿本ではもと二三等車だったのでその設備を生かしロハとしたと思う。しかし1936（昭和11）年9月2等廃止により他の4輌の合造車とともに三等車に変更された。軸距1676mm、ボギー中心6401mm。戦後まで残った木造ボギー車だが1955（昭和30）年に整理された。

### ハ44・45

1938（昭和13）年4月認可の元小倉鉄道ハ2・8。申請理由に「輸送力不足につき小倉鉄道所有客車2輌を譲り受け」とある。これも木造オープンデッキ4輪車だ。

### ハフ46・ユニ1

国鉄ハフ3231・ユニ3961が前身である。1940（昭和15）年10月竣功届を提出したが、12月監督局より「譲受認可申請至急すること」とお達しがあり、申請している。この2輌は1939（昭和14）年9月に払下げを受けており、既に使用していたかどうかはともかく、認可は1941（昭和16）年3月に受けている。

### ハ47・48・48・49・50

1937（昭和12）年10月買収（国有化）の北九州鉄道

## ■ハ51・52竣功図

所蔵：中村弘行

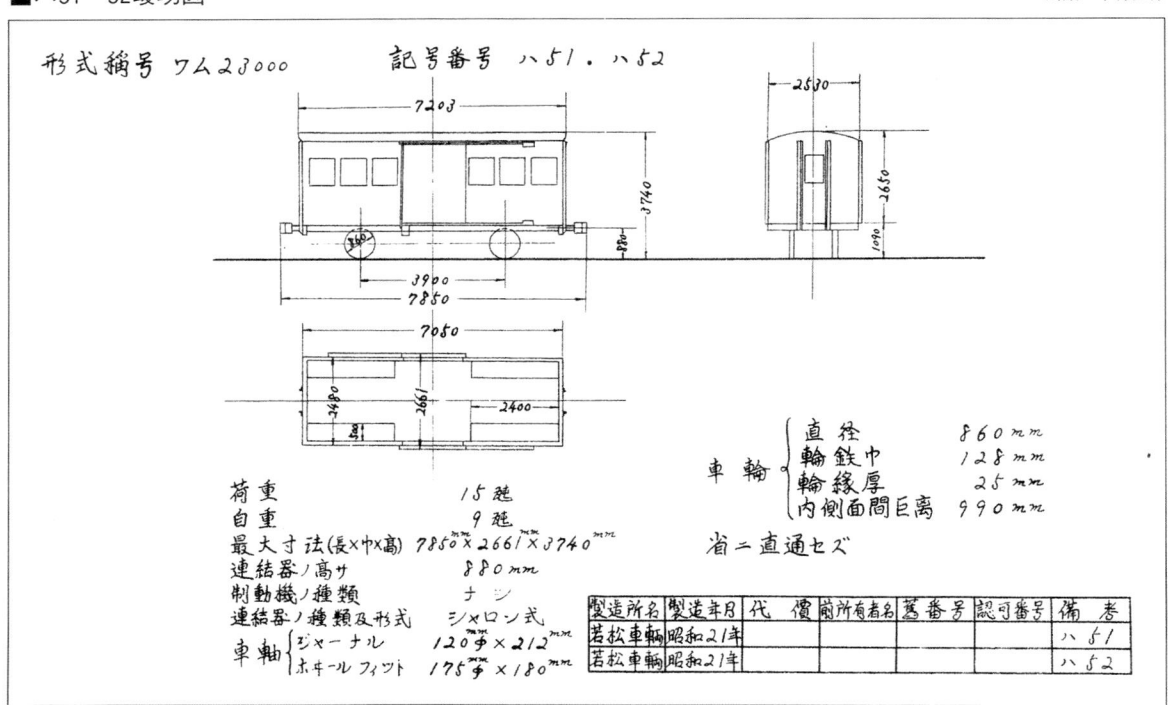

ハ43 写真は休車中だが、ほどなく廃車となり、車体は砥用で倉庫になった。　　　　　　　　　　　　　　　　1955.3.26　P：青木栄一

ハ48 約2年置いてあったこれらの客車は全面気動車化で1955年夏、一斉に廃車された。　　　1955.3.26　南熊本　P：青木栄一

所属の4輪客車で、こちらは1940（昭和15）年6月払下げ、同年12月に上の2輛と同時に申請、翌年3月同時に認可されている。旧番はハ36〜39である。1954（昭和29）年まで旅客列車に使用された最後のグループに入っていた。

### ハ51・52

　国鉄ワム23000形に窓を設け座席をつけ客車として使用した。1946（昭和21）年8月貨車（客車代用）製作購入申請を提出したが、代用客車は認められないとされ、10月にメーカーの若松車輛を代理人に委任、貨車として設計認可申請された。貨車として荷重15トン時の軌道負担力が問題視されたが、おそらく国鉄ワム入線の事実は実績として認められなかったのであろう。やりとりの結果、制動装置をすべて撤去し1948（昭和23）年8月決裁された。その時のメモに「自重7.85t、荷重15t 軸重11.3t で可。南熊本―甲佐11.45t 甲佐―

砥用13.93t」との書込みがある。車輛不足時代の産物であろう。形式ワム23000、荷重15t、番号ハ51・52の標記で活躍したが、やがて1953（昭和28）年7月から9月にかけ貨物列車の緩急車ワフ51・52に改造、老朽化で1959（昭和34）年木造ワフ21・22と交代した。

ハ45車体 脱衣場として使用。　　1963.3.22　南熊本　P：阿部一紀

ハフ46 側面中央に休車の札が見えるこの客車は、屋根を残して車体は改造されている。
1955.3.26　南熊本
P：青木栄一

**ワフ51** 代用客車改造のワフ。1953年ワフ化に伴い手ブレーキを車掌室に付け、車掌用扉も設けた。　　　　　1955.3.26　南熊本　P：青木栄一

# 5　貨車

　国鉄の貨車は1915（大正4）年に連帯運輸が始まってから乗入れており、自社では直通貨車を終始持っていなかった。貨物列車の写真をご覧いただくと常に大型の省の貨車が繋がっているのが判る。また自社の貨車は客車と同様、緩急車を含め直通ブレーキを持たず、混合列車、貨物列車とも機関車まかせで砥用からの18‰勾配を下っていた。

### ワ1～3・ワフ4・5

　創業時に用意された大日本軌道鉄工部製有蓋車。
最大寸法／長さ16ft11in　幅7ft5in　高さ10ft4.25in（ワフは11ft 3 in）　軸距8ft　自重3.5 t　荷重4 t

**ハ51**　ワフ51の「客車」時代。側面と妻面に窓を空けたが、扉は重い貨車用のままだ。44頁の竣功図と同じく、形式標記はワム23000である。
1951.8　南熊本　P：田上省三

### ト1～3・トフ4・5

　同時に5輌の無蓋車が用意された。この後の増備は客車と同様、国鉄または他私鉄からの譲渡車によった。
最大寸法／長さ16ft 6 in　幅 6 ft11.75in　高さ 5 ft4.25 in（トフ 6 ft5.75in）　自重3 t　荷重4 t

### ト6～8

　1922（大正11）年11月客車 2 輌と同時に国鉄から 9 トン積無蓋車 3 輌を譲受けた。
最大寸法／ト9172→ト 6 ：軸距 8 ft　自重4.31 t ／ト9247→ト 7 ：軸距 9 ft　自重3.9 t ／ト9329→ト 8 ：軸距 9 ft、自重4.02 t

### ト9～11

　1925（大正14）年 7 月譲受使用認可の長門鉄道ト1～ 5 の内の 3 輌である。もともと1923（大正12）年11月他鉄道車輌運転認可でこのト 1 ～ 5 の直通運転認可を得ていたが、1924（大正13）年11月廃車手続き済となり購入を申請した。
最大寸法／長さ18ft4.5in　幅 7 ft0.5in　高さ5ft0.25in 軸距 8 ft　自重3.6 t　荷重 5 t

### チ1・2

　1926（大正15）年10月、上記認可 5 輌のうち 2 輌を木材車に改造申請、1927（昭和 2 ）年 2 月認可を得た。製造は長門鉄道会社。
最大寸法／長さ 1 号（木台）17ft 4 in　 2 号（鋼台）16 ft 9 in　幅 6 ft10.75in　高さ 7 ft8.5in　自重3.7 t　荷重 5 t

| 旧形式 | ワ1 | ワ17000 | ト6000 | ト1 | ト4900 |
|---|---|---|---|---|---|
| 自 重(ton) | 7.7 | 7.5 | 5.49 | 6.34 | 5.67 |
| 最大長(mm) | 6339 | 6478 | 6288 | 6245 | 6262 |
| 幅(mm) | 2438 | 2603 | 2261 | 2250 | 2261 |
| 高(mm) | 3499 | 3499 | 1946 | 1861 | 2286 |
| 番号 | 1145*→ワ8<br>2046→ワ10<br>5147→ワ11<br>4664→ワ12 | 17465 →ワ9 | 8344 →ト12<br>8127 →ト18 | 16843 →ト13<br>2081 →ト14<br>15769 →ト15<br>1717 →ト16<br>159**→ト17<br>15916→ト19<br>16883→ト20 | 4943→ト21 |
| 備考 | *竣功図1155 | | | **竣功図259 | |

ト18 ト15・19やワ10と共に最後に残った無蓋車。
1963.8.6 南熊本 P：中村弘之

ワ10 最後に残った有蓋車。1946年12月に鉄道省から一括購入されたなかの1輌である。 1961.6.23 南熊本 P：中村弘之

## ワブ6

1935（昭和10）年4月認可で鹿本鉄道ワフ15を譲受け。 自重7.12t 荷重10t 価格700円

## ワブ7

1935（昭和10）年5月認可国鉄ワフ7703を購入。価格1,413円、後藤―春竹間運賃50.13円とある。緩急車を2輌増やしたのは貨物増加への対応であろう。輸送量は1934（昭和9）年の26千トンが1935（昭和10）年は31千トン、1936（昭和11）年35千トン、1937（昭和12）年54千トンと年々増加している。これで大戦前の社線用貨車の手当は終わる。増加する貨物は大半省線からの乗り入れ貨車で運ばれた。

## ワ8～12・ト12～21

1946（昭和21）年12月車輌譲受使用認可申請で「運輸省特別廃車により譲受」として10トン積み有蓋車5輌、無蓋車10輌を購入。戦前の貨車と入替えを図ったと思われる。ワ10、ト15・18・19は最後まで残った。

## ワフ21・22

1959（昭和34）年3月譲受車輌設計認可を申請、島原鉄道ワ35・36を140千円で購入、緩急車に改造した。売買契約は1959（昭和39）年2月、引渡場所を島鉄島

ワフ21 島原鉄道の木造有蓋車を1959年に購入、自社でワフに改造した。 1963.3.22 南熊本 P：阿部一紀

原湊駅として両社長間で結ばれている。申請理由は「従来緩急車として使用致して居りましたワフ51号、52号は老衰甚しく補修に困難を来しますので之を廃車したく依って緩急車は皆無となりますので今度島原鉄道より譲受ました有蓋貨車2輌を緩急車に設計致し使用致します」としている。廃止まで貨物列車で活躍、蒸機の牽くお別れ列車にはワフ22が使われた。

最大寸法／長さ6325mm 幅2438mm 高3436mm 自重5.2t 荷重8t 軸距3048mm 車輪径860mm

# 三菱重工業専用線車輌の借入

　車輌の説明の前に専用線について述べる。三菱重工業第9航空機製作所は1942（昭和17）年6月に健軍町に開設され、主に陸軍の爆撃機キ67『飛龍』の生産が行われていた。その引込み線として約5kmの専用線が水前寺駅から造られた。古老の話では、朝夕の通勤列車は豊肥線から10輌位で乗り入れていた。日中は駅の外れの連絡ホームから気動車が連絡に当たっていたそうであり、この運転は熊延鉄道が請負っていたとのことである。[注9]

　敗戦で工場は賠償物件になっていたが、国鉄は一部の立入り禁止指定解除を申請、1948（昭和23）年10月運輸省小倉工機部熊本分工場が開設された。なお、『鉄道技術発達史』には1946（昭和21）年発足とあり、立入り承認前から立上げは始まっていたようだ。しかし翌1949（昭和24）年6月に日本国有鉄道が発足、7月1日の機構改革の一端で分工場は廃止された。[注10]省3100・3408は当時ここで働いていた機関車である。

　跡地は払下げにより中央紡績(株)、井関農機(株)熊本製作所が進出し、この専用線では9600の率く貨物列車が見られた。右頁の地形図はそのころを表している。いつまで使われていたのかは判らないが、1953（昭和28）年版「専用線一覧」にあるが1957（昭和32）年版

**3408**　3100とともに水前寺からの引込み線と構内で使われた機関車である。　　　　1949年　国鉄小倉工機部熊本分工場　P：田上省三

では消えている。

　前置きが長くなったが、熊延鉄道では車輌不足のおリ、ここで働いていた蒸気動車と客車を活用するため、1946（昭和21）年12月、占領軍より借入使用したいと他鉄道車輌運転認可を申請した。対象は「三菱重工業(株)熊本工場保管　形式ハ11番号12・38重量6.4t。形式キハ6400番号キハ6400重量24.65t」。理由は「客車現在15輌で15輌運転、疎開、復員で居住者増え。蒸気動車は現在1輌所有常時1輌運転予備なし、故障時運休となる」とし、その後照会、回答を繰り返す。例

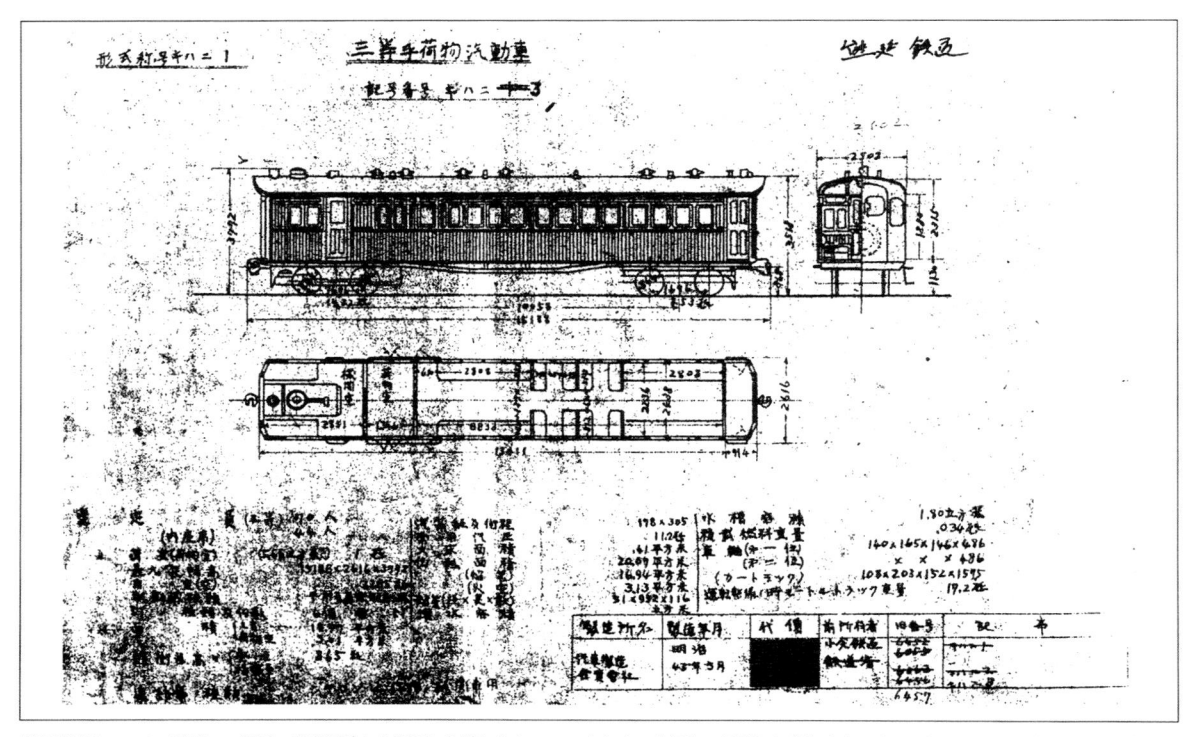

熊延鉄道キハニ3。戦後、三菱重工業専用線から熊延に入線したキハ6400とともに小運転に活躍した蒸気動車である。なお、この竣功図は前所有者である小倉鉄道のものを活用している。
所蔵：亀井秀夫

左は地理調査所1952年応急修正、同年発行1：25000地形図「熊本」より転載。水前寺駅構内に専用線の駅の表記が見える。左は地理調査所1957年修正測量、1959年発行1：25000地形図「健軍」より転載。時期的な相違から地形図の収録範囲が異なり、左の図と重なる部分がある（いずれも約82%縮小）。

えば1947（昭和22）年2月の当局からの回答は「1賠償物件、2占領軍の一時使用許可（46年12月2日付許可書）受けている、3三菱熊本工場保管中の図面は戦災焼失、元省の車輌だから設計手続きの便法ないか」と迫っている。同年5月の照会は「省所属当時の車種番号明示されたい」と軟化？し、6月2日の回答で「現

車車体に薄く播丹鉄道ハ12、ハ38、蒸気動車はキハ6400と記してある」と、まるで趣味の車輌調査のような事で落着、6月11日認可を得た。キハ6400はキハニ3と共に1948（昭和23）年頃まで小運転に使用され、客車2輌は1954（昭和29）年まで見られたが、いずれも返却ということで廃車になった。

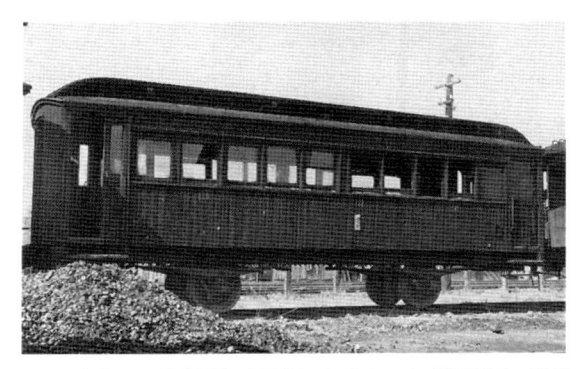

ハ12　戦時下の工場専用線で使用されていたもので、借用車として熊延に入線したが、返却で廃車された。1954.3.14　南熊本　P：湯口　徹

3100　軸重を軽くするため大きく斜めにカットされた側水槽が特徴だった。　　　1949年　国鉄小倉工機部熊本分工場　P：田上省三

49

# ■熊延鉄道車歴一覧

2/6/13新は昭和2年6月13日新造、11/8/4Xは昭和11年8月4日廃車を示す。日付は原則として認可日か届け出日（？は推定）。

年代欄の見出し：大2(1913)／大4／大6(1917)／大8／大10(1921)／大12／大14(1925)／昭2／昭4(1929)／昭6／昭8(1933)／昭9／昭10(1935)／昭12／昭14(1939)／昭16／昭18(1943)／昭20／昭22(1947)／昭24／昭26(1951)／昭28／昭30(1955)／昭32／昭34(1959)／昭36／昭38(1963)／昭39/3/3 鉄道廃止

| 番号 | 車歴（新造・改番・購入・廃車） | 番号 |
|---|---|---|
| **蒸気機関車** | | |
| 1 | 2/6/13新 → 34 X | 1 |
| 2 | 2/6/13新 → 11/8/4X → 25/7/3 X | 2 |
| 3 | 11/9/20新 → 25/7/3 X | 3 |
| 4 | 11/9/20新 → 16/5/30→名鉄3 | 4 |
| 5 | 16/5/21→平安1 … 大同→11/11/17 … 16/5/30→16/5/5 → X | 5 |
| 6 | 7/7/15新 → 27/1/24 X | 6 |
| 7 | 18/9,代目 新造 → 小倉4→ → 18/10/25 2代目2 → 28/9/2 X | 7 |
| 8 | 三角海軍施設部? → 24X? | 8 |
| 9 | 省3410→23.8購入 → 27/6/20 X | 9 |
| 10 | 省3405→23.8購入 → 30/7/4 X | 10 |
| 11 | 省3415.24→25 X ? | 11 |
| 12 | | 12 |
| **内燃機関車** | | |
| DC251 | X 江若 | DC251 |
| **蒸気動車** | | |
| キハ3 | 35/2/29新 | キハ3 |
| キハ6400 | 22/6/憶入 → 25返却X ? | キハ6400 |
| **内燃動車** | | |
| ガハ11 | 3/7/10新 → 29/4/30.ハ11 → X | ハ11 |
| ガハ12 | 3/7/10新 → 29/4/30.ハ12 → X | ハ12 |
| ガハ21 | 6/2/26新 → 23/12/8 X | ガハ21 |
| ガハ31 | 7/10/1新 → 29/4/30.ハ31 → X | ハ31 |
| チハ101 | 17/3/5キ・ハ21 → 26/1/24新 → X王野市 | チハ101 |
| チハ102 | 17/3/5キ・ハ31 → 26/1/24新 → X王野市 | チハ102 |
| チハ103 | 18/12/1二 改造 → 27/5/28新 → X王野市 | チハ103 |
| チハ201 | 28/2/19新 → X江若 | チハ201 |
| チハ202 | 28/2/19新 → X江若 | チハ202 |
| **客車** | | |
| ハ1 | 2/6/13新 → 15/3/9 X | ハ1 |
| ハ2 | 2/6/13新 → 15/3/9 X | ハ2 |
| ロハ3 | 2/6/13新 → 15/3/9 X | ロハ3 |
| ロハ4 | 2/6/13新 → 8/8/4X | ロハ4 |
| ハ5 | 29/2/20 X | ハ5 |
| ロハ6 | 29/2/20 X | ハ6=一 |
| ロハ7 | ハ775→8/11/26 … ハ1539→10/2/14 → 29/2/20 X | ロソハ7 |
| ロハ8 | ハ776→8/11/26 … ハ1540→10/2/14 → 29/2/20 X | ロソハ8 |
| ハ9 | 鹿本ハ3→10/4/11→11/10/10<43 → 29/2/20 X | ハ9 |
| ハ10 | 名鉄ハ15→14/12/14 → 29/2/20 X | ハ10 |
| ロハ741 | ロハ866→11/11/11 … 名鉄ハ9→14/12/14 → 30/7/1 X | ハ741 |
| ロハ43 | ロハ877→11/11/11 → 30/7/1 X | ハ742 |
| ハ44 | 30/7/1 X | ロハ43→ハ43 |

貨車車歴表

| 車番 | 履歴・改造・廃車 |
|---|---|
| ハ47 | 北九州ハ36→ハ2286→16/3/15 |
| ハ48 | 北九州ハ37→ハ2287→16/3/15 |
| ハ49 | 北九州ハ38→ハ2288→16/3/15 |
| ハ50 | 北九州ハ39→ハ2289→16/3/15 ／ ユニ3961→16/3/15 |
| ハ51 (→ワ751) | 28/7ワフ改造 30/7/1 X 34/12/19 X |
| ハ52 (→ワ752) | 28/9ワフ改造 30/7/1 X 34/12/19 X |
| ハ12 | 播但ハ12→22/6/1借用 29/12/20返却 X 30/7/1 X |
| ハ38 | 播但ハ38→22/6/1借用 29/12/20返却 X 30/7/1 X |
| ワ1 | 2/6/13新 25/10/3 X |
| ワ2 | 2/6/13新 23/12/8 X |
| ワ3 | 2/6/13新 23/12/8 X |
| ワ74 | 2/6/13新 ト9174→11/11/11 4/1/2改番ワ74 23/8/2新 25/7/3 X |
| ワ75 | 2/6/13新 ト9247→11/11/11 4/1/2改番ワ75 23/8/2新 25/7/3 X |
| ト1 | 2/6/13新 ト9329→11/11/11 25/10/3 X |
| ト2 | 2/6/13新 長門ト1→14/8/10 25/10/3 X |
| ト3 | 2/6/13新 長門ト2→14/8/10 25/10/3 X |
| ト74 | 2/6/13新 長門ト3→14/8/10 4/1/2改番ト4 23/12/8 X 25/7/3 X |
| ト75 | 2/6/13新 長門ト4→21/1/14 4/1/2改番ト5 23/12/8 X 25/7/3 X |
| ト6 | 長門ト5→21/1/14 25/7/3 X |
| ト7 | 25/7/3 X |
| ト8 | 25/7/3 X |
| ト9 | 25/7/3 X |
| ト10 | 23/12/8 X 25/7/3 X |
| ト11 | 25/7/3 X |
| チ1 | 25/7/3 X |
| チ2 | 25/7/3 X |
| ワフ76 | 鹿本ワフ15→10/4/11 30/7/1 X |
| ワフ77 | ワフ703→10/5/15 30/7/1 X |
| ト8 | 29/12/15 X 31/9/28 X |
| ト9 | 29/12/15 X 31/9/28 X |
| ト10 | ト155→23/6/10 30/7/1 X |
| ト11 | ト1465→23/6/10 |
| ト12 | ト2046→23/6/10 28/6/22 X |
| ト13 | ト5147→23/6/10 28/6/22 X |
| ト14 | ト4664→23/6/10 28/6/22 X 30/7/1 X |
| ト15 | ト8344→23/6/10 39/3/31 X |
| ト16 | ト2081→23/6/10 30/2/2 X 39/3/31 X |
| ト17 | ト1569→23/6/10 30/2/2 X 39/3/31 X |
| ト18 | ト1717→23/6/10 39/3/31 X |
| ト19 | ト259→23/6/10 39/3/31 X |
| ト20 | ト8127→23/6/10 28/6/22 X 30/2/2 X |
| ト21 | ト1591→23/6/10 39/3/31 X |
| ト18 | ト1683→23/6/10 39/3/31 X |
| ト20 | ト4943→23/6/10 28/6/22 X |
| ワフ721 | 長府ワフ735→34/5/8 |
| ワフ722 | 長府ワフ736→34/5/8 |

# おわりに

及ばずながらまとめを終わって感じた事は、熊延鉄道の一生は地方私鉄の歴史の一パターンらしいという事である。即ち大正期好調な経営は昭和不況で悪化、なんとか戦時輸送をこなし、戦後の復興が一段落したところで台頭したバスに交代している。熊本県は政争が盛んだったとは知っていたが、鉄道の経営にどの程度影響があったのか興味のあるところである。選挙はもとより沿線株主への職制による増資払込依頼や、環境意識が薄い時代とはいえ、廃止決定から半年でその実施に至ったのは日頃の沿線とのお付き合いが有ったからだと思う。また鉄道院から運輸省に至る監督官庁の保護と規制の細かさを建設補助金の交付や監査、認可のやりとりから実感した。主に鉄道省文書と会社の営業報告書から諸データを集め、元社長の伝記と回顧録等で補ったが、文書と報告書は途中欠落があり連続して動きがつかめなかったのは残念である。開業から廃止までの車輌の動きがすべて判らないのは一例である。

廃止から40年が経過し、各種書籍でも紹介されているように、沿線の鉄道の遺構は津留川の橋脚以外見るべきものは少ない。旧砥用の駅舎も痛みが進んでいる。濱町までの予定ルートにあたる山間の国道、県道は拡幅、舗装され快適な山道となっている。一方、線路跡を一部使った国道445号浜線バイパスは熊本に向かう車で毎朝渋滞しており、廃止当時は予想しえなかった自家用車の増加は、バス路線にも大きな影響を与えている。熊本バスがこれからも益城地方の公共の足として健闘することを祈っている。

本書をまとめるに当たり、いとぐちを造っていただいた堀田和弘、髙井薫平両氏をはじめ、多くの方からご協力と温かい励ましを頂いた。お名前を挙げて感謝する次第である。とくに沿線出身の愛好家である同窓の中村弘之氏と熊延鉄道OBの堀田三直氏には多くの情報を頂いた。また玉石混交の資料を選び抜き一冊に出来たのは編集部名取紀之、高橋一嘉両氏のご指導の賜物である。この本が「熊延鉄道」究明の更なる取っ掛りになれば幸いである。

田尻弘行(慶應義塾大学鉄研三田会会員)

注1　中川浩一ほか『軽便王国雨宮』22・29頁　1972年
注2　鉄道省編纂『全国乗合自動車総覧』36頁　1934年
注3　松本昌太郎「熊本近況」ロマンスカー14号44頁　1951年
注4　日本国有鉄道『国鉄自動車20年史』446頁　1951年
注5　奈良崎博保「門鉄局報メモ」
注6　竹島秀美「熊延鉄道の機関車」機関車3号4頁　1949年
注7　湯口　徹「国産蒸気動車考」鉄道史料82号25頁　1996年
注8　細井敏幸「熊本市電60年」別冊とろりい・くまもと2　41頁　1984年
注9　谷口良忠「播但鉄道の車両メモ」鉄道史料33号60頁　1984年
注10　国鉄小倉工場『60年の回顧』58頁　1951年

ご協力者名（敬称略・順不同）
写真と資料／熊本バス(株)、湯口　徹、中村弘之、堀田三直、阿部一紀、岸由一郎
資料／竹中泰彦、高井薫平、三宅俊彦、堀田和弘、冷川英司、亀井秀夫、澤内一晃、寺田裕一
写真／田上省三、奈良崎博保、松本昌太郎、青木栄一、田澤義郎、小澤年満

おもな参考書
御船／熊延鉄道営業報告書　1913～1941・1950～1965年
鉄道省・運輸省公開文書　1912～1953・1959・1963年
伊吹六郎『田副清伝』1971年
田副敏郎『熊延回顧録・随想』1983年
熊延鉄道『熊延鉄道40年の歩み』1954年
熊本日日新聞連載　くまもと企業のルーツ「熊延鉄道」1978年11月
湯口　徹『レイルNo.25南の空小さな列車（上）熊延鉄道』1989年
和久田康雄『私鉄史ハンドブック』1995年
各種時刻表

1号機の牽く下り貨物列車。　1957.6.1　中の瀬一鯰　P：松本昌太郎

宮原を発車、植木に向う登場間もないキハ102。この気動車は大阪市から譲り受けたバスを温鉄自らの手で改造したものであった。
1955年秋　山城—宮原
P：小林員成

## まえがき

　1950（昭25）年、戸畑の叔父を訪ねての帰途、C
57の牽く準急（のちの〈有明〉）が植木を通過する
頃、辺りはすっかり暗くなっていた。オハ35の車
窓から懸命に併走する蒸機列車が見えた。バッテ
リー点灯であろう、頼りなげな灯りのついた客車
やほのかに光る前照灯をふりたてて走るタンク機
関車を抜き去り、準急は西里信号場めがけ勾配を
下っていった。これが私の鹿本鉄道（1952年山鹿
温泉鉄道と改称）との出会いだった。

　ディーゼルカーが熊本駅に乗り入れるようにな
り、社名を山鹿温泉鉄道と改めた事は記憶にある
が、そのころ熊本市の南部に住んでいた私にとっ
ては縁遠い存在だった。しかしこの鉄道を印象づ
けたのは1957（昭和32）年7月集中豪雨で寸断され
た鹿児島本線がやっと復旧し、帰省の途中にバス
で山鹿を訪問、その車窓から見た当線の被害のひ
どさであった。もとよりこの水害が命取りになる
とは気づかなかったが。

　今回この鉄道を紹介する為に調べた限りでは、
時節に流されまいと人事を尽くして懸命に生きた

歴史が浮かび上がってくる。1917（大正 6 ）年の開業から 6 年かかって1923（大正12）年山鹿に達したが、ほどなく沿線で走りだした乗合自動車との競争にさらされ、電化や軌道による熊本延長も計画だけに終わり、自社も乗合自動車営業に進出、1933（昭和 8 ）年以降鉄道は貨物主体の運転とし苦境を乗り切った。大戦さなかの1943（昭和18）年、国策に従ってバス事業を譲渡、再び鉄道専業にもどり戦後に至ったが、かって同業者から権利を買取り拡充に努めた自社路線であったバスと競合す

る皮肉な状況になった。バスの復活を目指し多面的な運動を繰り返すがかなわず、さらに水害により植木駅での国鉄連絡が絶たれ経営の悪化が進行、1965（昭和40）年 2 月起伏に富んだ一生を終えている。今、関係者の努力により線路跡の大半が自転車道となり、かっての汽車道が残っているのは幸せである。

連休から一ヶ月、山鹿の構内は冬の陽射しのもと静まり返っていた。
1961.1.1　P：田尻弘行

## 図1　山鹿鉄道一次予定線と鹿本鉄道線

記入：西村亮

| 駅間（累計）km | 駅名 | 開業 |
|---|---|---|
| 0 | 植木（鹿児島本線） | 1917.12.22 |
| 2.1 (2.1) | 植木町（1949.7.30改称）←長浦 | 1917.12.22 |
| 1.2 (3.3) | 一つ木 | 1955.4.1 |
| 1.2 (4.5) | 今古閑 | 1955.4.1 |
| 1.3 (5.8) | 山本橋 | 1917.12.22 |
| 2.1 (7.9) | 今藤（肥後大本1928.8〜1937.4*） | 1954.6.1復活 |
| 1.1 (9.0) | 肥後豊田 | 1917.12.22 |
| 0.8 (9.8) | 舟島 | 1955.4.1 |
| 0.7 (10.5) | 伊知坊 | 1955.4.1 |
| 0.4 (10.9) | 平島温泉（1949.7.30改称）←平島 | 1918.12.26 |
| 0.8 (11.7) | 山城 | 1955.4.1 |
| 1.2 (12.9) | 宮原 | 1918.12.26 |
| 0.6 (13.5) | 奥永 | 1955.4.1 |
| 1.2 (14.7) | 分田 | 1921.12.1 |
| 1.6 (16.3) | 来民 | 1921.12.1 |
| 1.9 (18.2) | 肥後白石 | 1955.4.1 |
| 0.8 (19.0) | 肥後大道　（1928.8〜1937.4*） | 1952.8復活 |
| 1.3 (20.3) | 山鹿 | 1923.12.31 |

*実際は1933.8のガソリン客車運休で使用中止・1937は書類上の廃止決裁

予定線・延長線など未成線の地名は通過地を示す・行政区画・国道については1955（昭和35）年の資料をもとに作成。
国土地理院発行1:50000地形図「山鹿」（1951年応急修正／1955年発行）「高瀬」（1951年応急修正／1960年発行）「八方岳」（1951年応急修正／1958年発行）「隈府」（1951年応急修正／1957年発行）に加筆・転載。

キハ101が菊池川を渡る。足回りが見えなければバスが走っているようにしか見えない光景である。
分田一来民 『鹿鉄50年史』より

# 歴史

## 1、山鹿に鉄道を——幻の山鹿鉄道

　熊本県鹿本郡山鹿町は菊池川の水運による物資の集散地であり、参勤交代のルートに当る、温泉のある宿場町として栄えた。明治時代になると郡役所、裁判所などが置かれ地方行政の中心地となった。このような立地を基に福岡県久留米市から山鹿を経て熊本に至る

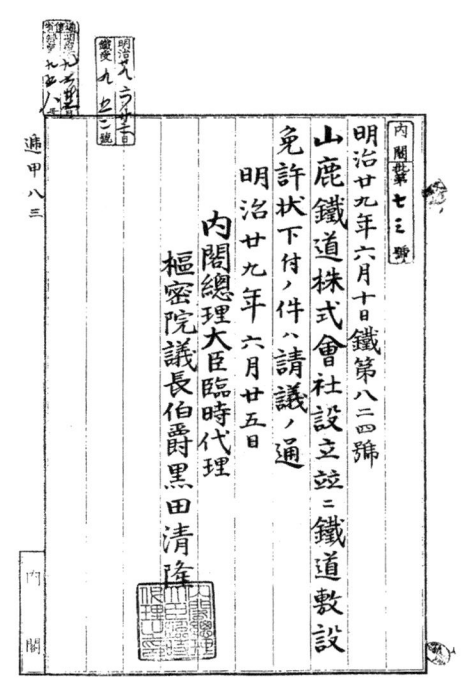

図2　山鹿鉄道設立ならびに鉄道敷設免許
鉄道省文書　所蔵：国立公文書館

鉄道が、1892（明治25）年公布の鉄道敷設法で予定線に上げられていたが、着工の予定はなく、九州鉄道による鹿児島線は山鹿を通らなかった。

　そこで1893（明治26）年九州鉄道の設立委員でもあった山鹿町の江上秀雄が代表となり発起人14名を集め、至近の九州鉄道植木駅から山鹿に至る鉄道敷設を目論んだ。鉄道省文書に残る山鹿鉄道株式会社創立と鉄道敷設願から抜粋すると〝山鹿郡山鹿町は県北の一都会にして鉱泉は市街の中央に湧出し交通頻繁なリ山鹿、山本、菊池、合志の四郡は京阪地方に輸出も為す肥後米の産地にしてその輸出の米穀は一旦山鹿町に輻輳せざるはなし他雑貨の輸出入も頗る巨額なりとす然るに山鹿町と九州鉄道植木駅とは行程90哩（原文のママ）にして運輸交通の不便尠ず新たに鉄道を布設し九州鉄道線に接続せしめ行楽及び貨物運送の便をはかるは急務にして今般同志者とはかり山鹿鉄道を創立し山鹿町と山本郡鐙田村なる植木駅との間に鉄道を布き運輸の業を営み度－後略〟（以降〝　〟間は鉄道省及び運輸省文書からの抜粋又は要旨を示す）と願出ている。

　この時の経路は図1のように山鹿－植木を最短で結ぶよう示されており、山鹿終点も町の南、菊池川の対岸である。そのまま川を渡って北上すれば街道にそって久留米を目指すルートに見える。

　しかし1896（明治29）年1月の変更目論見書では資本金265千円を600千円に増し、延長10M40Cを経路変更し12M40Cとしている。この変更は鹿本鉄道のルートと似ており途中の集落を経由、山鹿終点も菊池川を渡り、より市街に近くなっている。変更理由は〝当初の案は全線の短縮と工費の節減を専らとし貨物乗客の輻

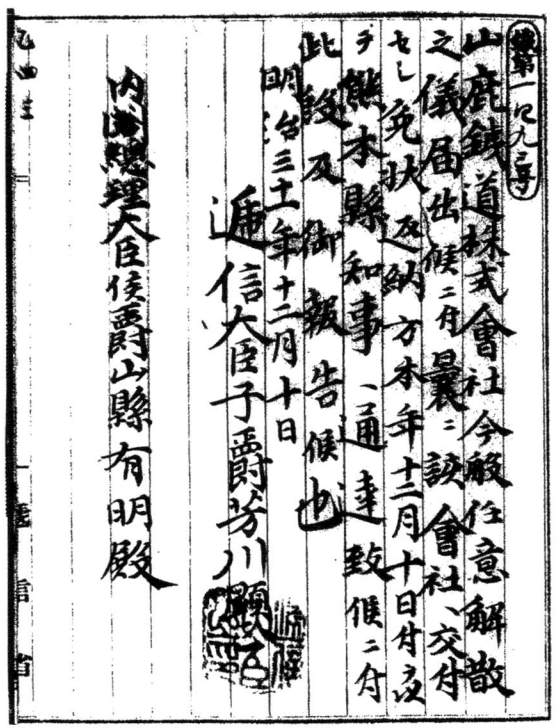

図3　山鹿鉄道免状返納通達　　　鉄道省文書　所蔵：国立公文書館

效〃とあり、延長27M40C、建設費1,700千円とされ、64頁の図8のように概ね小栗峠を越え福島を通る国道3号線に近いルートである。しかし免許線の一部土地買収を行ったのみで、1898（明治31）年12月山鹿鉄道は任意解散を届け、免状返納の指示を県知事を通して受けている（図3）。

『鹿鉄50年史』（以下50年史〔　〕内）では〔しかしながら日清戦後のパニックのあおりをくい、山鹿鉄道は測量、資材の手当てを終わっただけで、工事もしないまま、31年解散の憂目をみることになり、江上氏は清算人となった。〕とあり植木－山鹿－（久留米）間の建設は具体化しなかった。この線は1922（大正11）年4月公布の第二次鉄道敷設法で111番久留米－宮原－（植木）としてあがっており、折にふれ熊久線として建設促進運動が行われた。

## 2、鹿本鉄道の設立から開業まで

前に述べたように1898（明治31）年山鹿鉄道が解散し鉄道の夢が絶たれた山鹿の人々は、1909（明治42）年7月31日大日本軌道株式会社が熊本市西唐人町－山鹿町間17M（マイル）50C（チェーン）の軌道特許を得たので、これの実現に期待したが具体化しなかった。

ふたたび前出の江上定雄を中心に地元が結集して1915（大正4）年11月28日鹿本軌道株式会社を資本金225千円で設立登記（図4）、翌1916年3月24日上記の大日本軌道特許線の譲渡による特許命令書を交付された。対価は第4回営業報告書（以下報告書〈　〉内）によれば〈特許権買収費1500円〉とある。しかし院線との連

轄の便を欠きたるもの〃とある。

1896（明治29）年6月10日免許を下付（図2）されると引き続き山鹿－久留米間の線路延長願いを同年8月に提出、これに対し1897（明治30）年5月5日仮免状が下付された。あらましは〃山鹿－九州鉄道久留米に至る鉄道布設の為線路実地測量を許可する但し本状下付より12ヶ月以内に本免許の申請ない時はこの仮免状は無

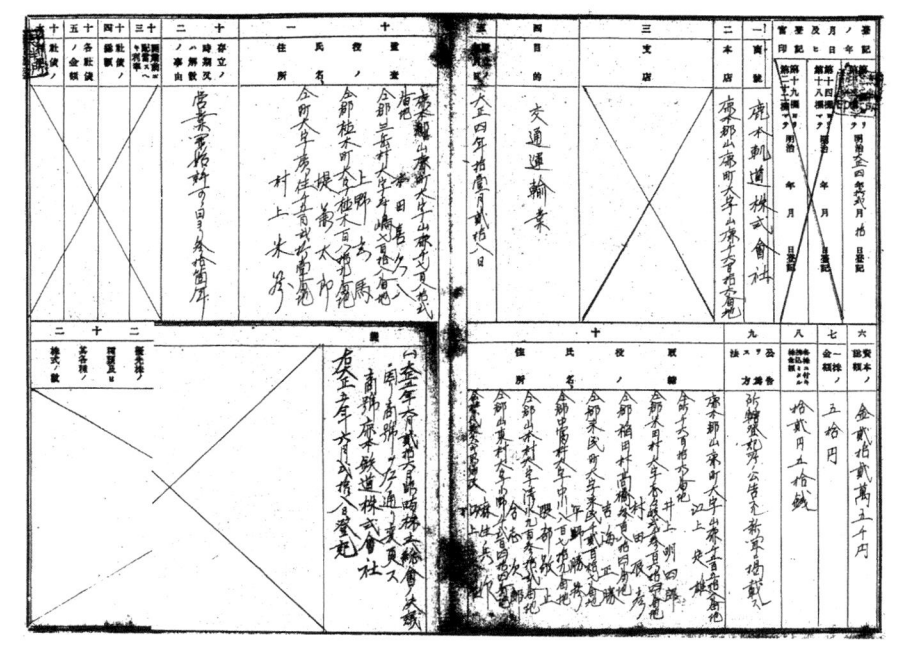

図4　鹿本軌道設立及び鹿本鉄道に
　　　商号変更登記
　　　鉄道省文書　所蔵：国立公文書館

植木トンネル（休止後の植木側入口）。
1962.10　植木ー植木町　Ｐ：中村弘之

絡を重視して軽便鉄道法による３'６"軌間の蒸気鉄道に変更するべく1916（大正５）年６月26日の臨時株主総会で社名を鹿本鉄道株式会社に改称を決議した。同29日付で鉄道院に提出した軽便鉄道敷設免許申請に添付された許可願から当時の物流が窺える。

あらまし〝大正５年３月４日大日本軌道（株）より譲渡許可された植木山鹿間軌道敷設の議ー中略ー貨物の輸送力を要する事大、植木駅発着貨物年々25,000トン以上に達し菊池川川船に倚リ山鹿地方から高瀬駅（現玉名）及び三角港に搬出される米穀類３万石を下らず熊本山鹿間荷積馬車で呉服雑貨類直通勢からず沿線の馬車貨物営業従事1000人以上軌道では需要に応じること能はず且つ軌道線路は1/30乃至1/40の勾配累計２Ｍ56Ｃに達し已むを得ず全線の1/3以上の専用（軌道）を築設せざるべからず其の他在来道路の拡幅で過当の資金を要する軽便鉄道敷設の設計と比較するに軽便頗る有利と認む〟軌道の特許を有償で得て３ヶ月足らずで何故鉄道になびいたのか判らないが、とにかく軌道敷設のための道路拡幅の負担の重さと、自ら移動する旅客より貨物を重視しての判断であろう。

また上の許可願と同じ29日付で社長江上定雄が提出した敷設許可促進の陳情書では、要は山鹿鉄道の二の舞にならぬ様、事業家をあてにせず郡民の鉄道として郡内で資金を集める。しかし軌道では貨物の輸送力が不足するのは明白で、院線と直通できる軽便鉄道ー山鹿鉄道以来の夢を実現させたい。不況で建設費を増資て賄えないので借入に頼るが、挙郡一致の事業で株主

は各町村に亘リ郡是の鉄道故、いずれ郡民の協力で増資払込が可能であり成業は確実である、と述べている。確かに大正年間資本金22万5千円から75万円までは順調に増資払込がなされている。

この申請に対し1916（大正５）年12月15日植木ー山鹿間12M53Ｃの敷設免許が下付された（図５）。翌1917年２月15日工事施工認可を得て２月26日に第一工区０Ｍ（植木）ー５M56Ｃ（肥後豊田）の工事着手届が出された。これに先立ち植木トンネル予定地で前年12月５日起工式を挙げている。第一工区の工事と平行して第二工区5M56Ｃから７M75Ｃ（宮原）の工事着手届が1917（大正６）年７月12日に出された。車輌も同６月に機関車、９月に客貨車の設計認可申請がなされ、植木ー肥後豊田間は12月15・16両日鉄道院の監査を受け12月21日営業を始めた。

　０Ｍ　　院線植木（うえき／鹿本郡桜井村大字鐙田）
　↓
　１M25Ｃ　　長浦（ながうら／桜井村大字滴水）
　↓
　３M48Ｃ　　山本橋（やまもとばし／山本村大字内）
　↓
　５M46Ｃ　　肥後豊田（ひごとよだ／吉松村大字豊田）

監査報告書ではこの区間の最小曲線半径８Ｃ、最大勾配1/55、軌条50lb（ポンド）鉄道院払下品、用意された車輌は15トンＣタンク２輌、10m級小型ボギー客車３輌、有蓋緩急車２輌、有蓋車３輌で、この規模で1921（大正10）年来民営業までカバーした。こうして一日８往復の混合列車が走るようになり、豊田から乗合馬車が60頁の図６の時刻表の様に山鹿、隈府、来民方面に接続していた。

第二工区の工事は順調に進み、工事竣工届と運輸営業開始認可申請が1918（大正７）年12月２日に出され監査、手直しを経て12月26日認可開業に至った。

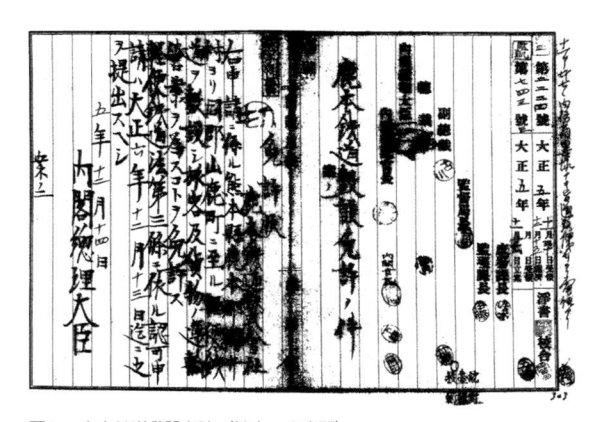

図５　鹿本鉄道敷設免許（植木ー山鹿間）
鉄道省文書　所蔵：国立公文書館

5 M46C　肥後豊田（吉松村）

↓

6 M64C　平島（ひらしま／田底村）

↓

8 M02C　宮原（みやばる／田底村）

この区間の最小曲線半径10C、最大勾配1/70、軌条50lb。

つづいて延長工事にかかるが、1919（大正8）年1月の定時総会で資本金75万円への増資が決定、1回目の払込が始まった。一方6月28日山鹿までの竣工期限延期願を提出、7月23日達済で1922（大正11）年2月13日までの延期が認められた（原期限1919年8月13日）。そして最長の菊池川橋梁を1919（大正8）年8月起工、翌1920年8月に竣工させている（径間101呎トラス4連、径間41呎鋼板桁2連）。なお、このトラスは一連が移設保存され遊歩道に利用されている。12月に宮原－来民間の用地買収が終り工事にかかる一方、1921（大正10）年には植木－宮原間で挿入枕木本数12から14本/30ftに増加、小径間の木桁橋を払下の鋼桁に交換し線路規格を向上（負担力1軸10.88トンを11.5トンに）させる工事が完了し、国鉄直通貨車の乗り入れ制限緩和が実現している。1921（大正10）年11月10日申請、12月1日認

来民開業に向け1919年に起工した菊池川橋梁の架橋工事。
1920年　『鹿鉄50年史』より

地元のはからいで遊歩道になった菊池川のトラス。山鹿温泉鉄道の数少ない遺構である。　2003.8　鹿本町水辺プラザ　P：鹿本町役場

可で2日から宮原－来民間の営業を開始した。工事資金は増資の払込が10円/年の分割であり、これでは不足するので既開業区間を鉄道財団抵当とし勧業銀行から借り入れ補った。

8 M62C　宮原（田底村）

↓

9 M11C　分田（ぶんだ／中富村字中分田）

↓

10M12C　来民（くたみ／来民町字来民）

この区間の最小曲線半径10C、最大勾配1/88、軌条50lb/yd（ヤード）（払下品）、枕木14丁/30ft（フィート）。

ただちに山鹿までの工事を急ぐ筈だが、鉄道省監督局に提出した1922（大正11）年1月10日付の工程表では〝来民－山鹿間測量のみ、用地ほか0％〟とあり建設が頓挫していた事が判る。50年史によれば宮原まで開業した後大正8年に山鹿の駅設置位置で、三岳方面への延長と建設予定の東肥鉄道との連絡でのメリットを主張する北部派と、鉄道が推す南部派とに分かれ山鹿の町で大議論があり、株主や町議が多い南部派の賛同する現位置に納まった、という。また宮原から山鹿までの用地買収に関し1920（大正9）年9月の重役会で土地収用が提議されている。

〈本鉄道既成線用地の買収は頗る円満に行われ斯界の美談として本社の誇とせしところなりしが宮原以東の買収は全く別天地の感あり到底既定の方針を以て買収不可能に付土地収用法に依リ之を収用するの外なきを認むる〉

このようななか再度、来民－山鹿間工事竣工期限延

附連絡馬車運轉時間表

鹿本鐵道株式會社

図6　大正6年12月鹿本鉄道時間表（植木－肥後豊田）　　　所蔵：山鹿市立博物館

期願を1922(大正11)年1月29日付で知事経由（県の副申付）で提出、1923(大正12)年2月16日まで1年延期が認められている。延期願要旨は〝戦後（第一次世界大戦）諸物価及び労賃等暴騰した為資本金の関係上材料購入、用地買収を多少手控た結果来民－山鹿間竣成に至らず目下用地買収中にて本年2月末より工事に着手…〟とあり、物価上昇も一因であろうが土地の取得が滞っていたのは明らかであった。しかし1923年になると建設が進み、6月には延長に当り必要な機関車の設計認可申請がなされ開通の準備が始まった。来民－山鹿間の運輸営業開始申請は、開始日12月22日で12月7日提出されたが、雨による手直して監査が2回延期され12月25日となり、開業は雨に祟られたため年末の1923(大正12)年12月31日であった。

10M12C　来民
↓
12M48C　山鹿（やまが／山鹿町大字山鹿）

監査報告書によると、この区間の最小曲線半径13C、最大勾配1/60、軌条50lb/yd。

1918(大正4)年鹿本軌道創立から8年で植木－山鹿間20.3キロが開通したが、宮原－山鹿間7.4キロに5年を要している。鹿本軌道創立の発起人416名に象徴される鹿本郡の鉄道であっても、建設は平坦な道のりではなかったように見える。

### 3、郡是鉄道とは

鉄道敷設法予定線ながら建設の対象にならなかった山鹿を通る鉄道を私設鉄道で実現しようとした山鹿鉄

会社設立から8年、1923年の大晦日の開業となった山鹿駅。交通の要衝であり、バスとの競合は終始、鹿本鉄道－山鹿温泉鉄道を悩ませた。写真左隅は福岡－熊本線の西鉄バス停標識。　1961.1.1　P：田尻弘行

道は、資金が集まらず1998(明治31)年解散となり、その轍を踏まぬよう鹿本鉄道が鹿本郡内から出資を募って軽便鉄道法に拠る鉄道を建設した事は、前節で述べたが、そこで唱えられた郡是鉄道についてすこし触れたい。

発起人名簿や営業報告書に添付されている株主名簿て郡内の分布を見ると、株主は鹿本郡全町村に及び沿線、停車場周辺に止まっていない。表１のように停車場周辺の株主は1924(大正13)年末、山鹿開通１年後の株主名簿では860名であり、これは郡内合計の42.5%で、あとは郡内各村に分布している。もっとも有力株主も多く株数では60%を超えている。次に表２で郡内持株数分布を見ると１～３株所有の株主が過半を占めている事が判る。しかし東隣の菊池軌道も1909(明治42)年創立時１人当リ3.2株(注１)であり、当時の一般的状況であろう。

ともかく鹿本鉄道にあっては郡内から広く薄く出資を仰いでおり、さらに行政の支援を受けている事も特徴といえる。50年史では〔1918(大正７)年12月鹿本郡会の決議により１万円の補助金が郡から支給される〕とあり、この補助金は〔５ヵ年間大正12年まで〕支給された。株式の募集、払込、配当金支払について町村役場が事務補助を行っている。1921(大正10)年３月27日の重役会報告では〈大正10年度前期株金払込は従来通リ３月20日を以て払込期日とし同月12日迄に各町村役場に払込を依嘱する様に２月27日付を以て催告書を発し払込を為さしめしが未だ全部町村の報告に接せざるもその成績良好なるものの如し〉とあり、行政が重要な役割を務めており、郡をあげてカネ、ヒトの支援を行っていた事が判る。

後て述べる1955(昭和30)年の路線バス免許申請時の

陳情書のメンバーを見ると自治体はじめ郡の主な機関の代表が名を連ねており、時代は変わっても郡の鉄道との意識は根付いていたようである。

1925(大正14)年から1935(昭和10)年の間、山鹿の八千代座や公会堂で開かれる株主総会に毎年約2000名の株主の内500名内外が出席という数字が報告書から読み取れる。これも〔八千代座における総会(無賃乗車券・むすび弁当の配布・五分配当・余興など)などさかん〕とあり人寄せ的でもあるが、株主の約1/4が集まったのは皆の鉄道ならではとの感じである。

## 4、交通の要衝山鹿を目指した鉄道

古来山鹿は物流の接点と既に述べたが、これを証明するかのようにいくつかの予定線があった。すべて未成に終わったが、山鹿の置かれた位置がよく判るので、少し紹介したい。

64頁の図８で見ると山鹿を接点にして四方に鉄道建設計画が存在したのが判る。南北は第１節で触れた鹿本鉄道を包含する、いわゆる熊久線である。この線の建設運動には鹿本鉄道も関係しており、大正11年度の報告書に仮出金1250円熊久鉄道速成運動費がみられ、1929(昭和４)年２月の総会では本鉄道買収請願を議している。更に〔昭和15年当社と縁の深い菊池電気軌道社長松野鶴平(のち昭和18～21年役員在任)が鉄道大臣に就任すると敷設運動を起こした〕とある。

鹿本鉄道としても郡北部の便宜を図る為、予定線の一部に相当する、山鹿町から八幡村を経て三岳村寺島地内に至る２M67Ｃの延長線敷設免許願を1921(大正10)年４月20日に提出、翌年５月10日達済で免許を得た。出願理由は要旨〝１、本鉄道は延長し福島を経て久留米に至リ省線に連絡する計画なるも経済界の状態

山鹿開業前に入線し、1957年まで活躍したコッペル製の４号。バックの水槽はこの６年後、水害により倒壊した。

1951年　植木　Ｐ：小澤年満

表1　沿線株主分布　　　1924年12月末第9回営業報告書より作成

| 駅　名 | 設置町村 | 株　数 | 株主数 |
|---|---|---|---|
| 植木 | 桜井村 | 20 | 136 |
| 長浦 | 植木町　※ | 839 | 42 |
| 山本橋 | 山本村 | 470 | 94 |
| 肥後豊田 | 吉松村 | 544 | 78 |
| 平島 | 田底村 | 435 | 51 |
| 宮原 | 仝　村 | | |
| 分田 | 中富村 | 353 | 87 |
| 来民 | 来民町 | 1,139 | 111 |
| 山鹿 | 大道村 | 277 | 73 |
| | 山鹿町 | 4,137 | 288 |
| 沿線合計 | | 8,395 | 860 |
| 郡内全体 | | 13,649 | 2,023 |
| 郡内全体に対する沿線の割合 | | 61.5% | 42.5% |

※駅位置は桜井村

表2　郡内株主分布　　　各回営業報告書の株主名簿より作成

| 郡内株数 | 1917.12末 | | 1924.12末 | | 1931.12末 | |
|---|---|---|---|---|---|---|
| 資本金 | 225千円 | | 750千円 | | 1,250千円 | |
| | 4500株 | | 15000株 | | 25000株 | |
| | 株主数 | 株主比% | 株主数 | 株主比% | 株主数 | 株主比% |
| ～101 | 1 | 0.1 | 15 | 0.7 | 22 | 1.1 |
| 100～51 | 5 | 0.4 | 37 | 1.8 | 52 | 2.5 |
| 50～31 | 8 | 0.7 | 39 | 1.9 | 93 | 4.6 |
| 30～11 | 46 | 4.2 | 91 | 4.5 | 141 | 7.0 |
| 10～6 | 62 | 5.6 | 176 | 8.7 | 276 | 13.7 |
| 4,5 | 48 | 4.3 | 333 | 16.4 | 283 | 14.0 |
| 3,2,1 | 825 | 75.3 | 1332 | 65.8 | 1142 | 56.8 |
| 郡内株主計 | 1095 | 100.0 | 2023 | 100.0 | 2009 | 100.0 |
| 郡内1人平均 | 3.9株 | | 6.7株 | | 10.4株 | |
| 郡外株主計 | 13（239株） | | 80（1351株） | | 90（4093株） | |
| 郡外持株比 | 239/4500株、5.3% | | 1351/15000株、9% | | 4093/25000株、16.4% | |

肥後豊田開業　　　山鹿開業1年後

は今直ちに増資不可能にして現在の資本に於て借入金を以て建設しうる程度にて山鹿久留米間28哩の内約3哩を建設し地方の利便を計リ時機をまって更に資本を増加し久留米に至るの目的なり　2、現在工事中の線路は本年秋来民に来年夏山鹿に全通するを以て之を直ちに延長して三岳村に至らせる予定なり。同所は山鹿より福島に至る国道に沿い−中略−交通運輸に非常に便宜あり″と述べている。このように久留米までの路線の一部と称しているので、監督局も第二次敷設法の予定線の一部であり建設局に照会したが〝未だ予算に組入れ時期を決定せざる趣き−−−−−−″とのことで免許を出した（図7）。

　前節のように申請の1921年末やっと来民に達し、山鹿延長の工事を控え余裕が無く、たちまち1922（大正11）年10月工事施工認可申請期限延長申請を提出するハメとなった（原期限同年11月9日）。その後3回、資金、水害復旧、山鹿延長工事等を理由に延期を重ね、1923（大正12）年9月29日工事施工認可を申請、1926（大正15）年8月27日認可された。しかし測量のみで着工することなく、工事着手並竣工期限延期申請を1927（昭和2）年と1928（昭和3）年の2度出している。1928年申請の主な理由〝電化工事計画中並に昨年6月の洪水にて山崩れあり之が応急工事等に多大の経費を要したる為″とあるが不況と沿線乗合自動車の台頭で新線どころではなかったと思う。とうとう1930（昭和5）年7月免許失効になった。山鹿町北部でこれから述べる東肥鉄道との立体交差の協定書（大正12年9月27日）があり、建設の意思は充分だったが、状況はそれを許さなかったようだ。

　また図8に戻ると西の鹿児島本線矢部川駅（瀬高）から山鹿を経て隈府に向かう東肥鉄道の予定線がある。このルートも改正鉄道敷設法の113番佐賀−肥後大津間と途中の隈府から豊後森間の予定線の一部である。

鉄道省による予定線線路説明113番から該当部分を紹介すると、−−又矢部川肥後大津間は野町、北関、南関、山鹿、来民、隈府の市井を纏綴し熊本県玉名、鹿本、菊池の三郡の中央を貫通し沿道米、麦、大豆、甘藷等の農産、木材、薪炭等の林産に富むの外付近都市より往来する山鹿温泉の浴客の数又尠からず−−とありリ、ここでも当時の山鹿の位置付けが判る。

　東肥鉄道は1911（明治44）年2月瀬高−隈府間27哩の免許を得て、1913（大正2）年8月矢部川−南関8M7C工事施工を申請、続いて同年12月南関−隈府間19M48Cも申請、翌年2月と3月に達済で工事が始まったが、経営者に人を得ず、毎年のように役員交代を繰返し、地元株主からの払込は滞り建設は大幅に遅れた。漸く1922（大正11）年3月南関まで開通したが、その間山鹿−隈府間は1920（大正9）年3月15日達済で免許が取消しになった。更に残る南関−山鹿間の免許も1930（昭和5）年8月やや工事が進んでいた南関−吉池（よしじ）間5.19キロに短縮、吉池−山鹿間は失効になった。

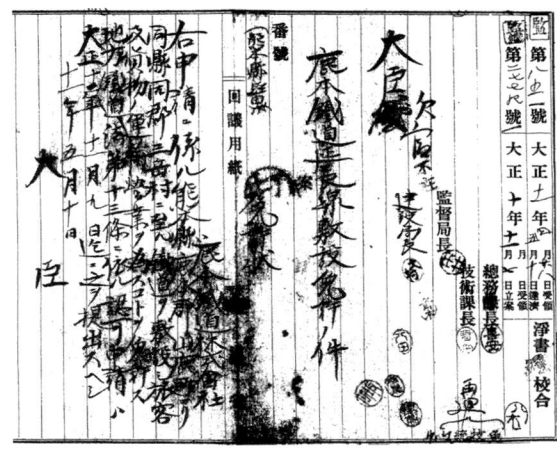

図7　鹿本鉄道延長線敷設免許（山鹿−三岳間）
鉄道省文書　所蔵：国立公文書館

凡例（地図記号）

| | |
|---|---|
| 鹿本鉄道開業線 | 植木―山鹿 |
| 山鹿鉄道出願線 | 山鹿―久留米 |
| 東肥鉄道予定線 | 南関―隈府 |
| 菊池軌道予定線 | 隈府―山鹿 |
| 東肥鉄道計画線 | 隈府―肥後大津 |

出願線・計画線・予定線の地名は通過地点を示す

# 図8　鉄道敷設予定線路

記入：西村亮一

国土地理院発行1:200000地製図「熊本」（2001年発行）に加筆・転載

こうして西から山鹿への鉄路の夢は消えた。なお東肥鉄道は1929(昭和4)年九州肥筑鉄道と改称、1937(昭和12)年鉄道運休、翌1938年会社は解散した。

残った東のルート、山鹿－隈府間は東肥鉄道の失効をもたらした菊池軌道の新設軌道建設計画が1919(大正8)年12月に特許を得ている。工事施工認可は1921(大正10)年10月、工事着手届は翌年4月に出ているが、『熊本電鉄創立80周年記念史』では1923(大正12)年8月上熊本－隈府間改軌、電化開業後「第2期線の隈府－山鹿間は直ちに着手する筈て目下準備中であるが本年中に開通の予定である。熊本と菊池、鹿本の2郡は互いに連絡し交通運輸の便此上もなかるべく」と述べられている。しかしその頃改軌、電化費用をめぐって内紛が発生しており、これが実現しなかった一因と思われる。それから40年余リ工事竣工期限延期を繰返し当区間の起業廃止許可申請がなされたのは、山鹿温泉鉄道廃止2ヵ月後の1965(昭和40)年4月であった。

こうして山鹿を東西に結ぶ鉄道は実現しなかったが、国鉄(省営)バスが1930(昭和10)年8月瀬高、南関、山鹿、隈府、肥後大津、62キロを結ぶ山鹿線を開設した(注2)。これで東西の予定線がカバーされた。

鹿本鉄道自らも植木(長浦)－熊本間に電気軌道を敷設し、同時に植木－山鹿間を電化する議案が1926(大正15)年9月の臨時総会で決議されている。当時の全国的な電化ブームの影響もあろうが、これは山鹿と熊本を電車で結ぶ計画であり、熊本方面への旅客の植木乗換えでは台頭する乗合自動車との競争に限界を感じたのであろう。営業報告書の仮出金に1923(大正12)年から1931(昭和6)年にかけ、植木熊本線線路予測(設計)費が散見され、1927(昭和2)年からは電化費2360余円が見られる。経営が悪化した昭和初期に何故固定的な支出を続けたか、残念ながらその経緯は判らない(注3)。

結局後述のように兼営乗合自動車により山鹿－熊本間の直通運輸は実現した。図9は1950(昭和25)年4月サマータイム実施時の山鹿を発着する鉄道とバスの時刻表だが、未成の鉄軌道線すべてにバスが走っており、自社のバスでないのは甚だ残念だが、戦後も引き続き山鹿は交通の接点であった。

## 5、第二次大戦前の鹿本鉄道

山鹿開業までの歩みは前に述べたが、ここでは大戦までの歩みを述べる。大正期は山鹿延長もあり1925(大正14)年までは67頁の表3の様に輸送量、収入とも伸びており、経営も順調である。昭和になると沿線を走る乗合自動車の運行が盛んになり(図10)旅客収入が減リ、不況と相俟って深刻な打撃を受ける。対策として自動

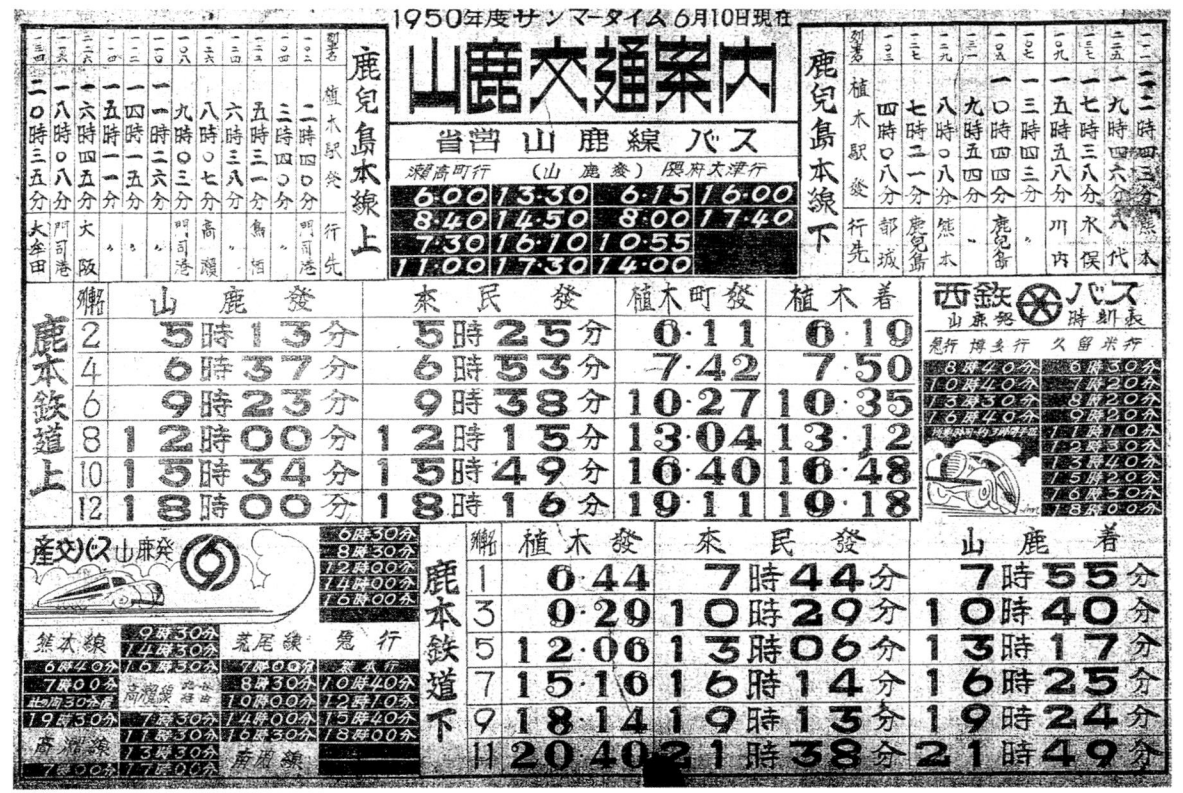

図9　1950年度サマータイム山鹿交通案内

所蔵：山鹿市立博物館

車兼営許可を1926（大正15）年10月申請、11月に許可された。鉄道では1927（昭和２）年12月９日瓦斯倫動力併用認可を申請、早くも同月23日に認可されている。翌年には３輛の自動客車（ガソリンカー）を購入し増発を図った（図11）。

1928（昭和３）年の報告書では〈自動車の影響による収入逓減を防止し更に増収を計る可くガソリン自動客車の運転を企て８月５日より実施し同時に運転回数の増加、連絡自動車（長浦－熊本）の兼営（図12）、旅客運賃の割引等営業の改善を為したる結果相当自動車の影響を恢復したるも〉と述べている。

しかし表３の如く収入の減少は止まらず、1929（昭和４）年の総会では役員賞与を削除、繰越金に繰入を決定している。一方1924（大正15）年増資の50万円、１万株は優先株であり1928（昭和３）年から赤字を計上する様になったが、鉄道建設補助金と任意積立金の取崩して配当を維持した。不況で滞りがちな新株払込の促進も目的であったと思う。1932（昭和７）年総会議事録に〈未払い株金の督促については財界不況、税金公課滞納の現状で機宜の督促に善処しつつある〉とあり税金も納められない状態で払込を促すわけにいかない状況であった。無配とした昭和７年度報告では当時の厳しい状況を〈打続ける財界の不況と年々増加する自動車の影響は毎期減収に次ぐ減収の状態なりしが偶々本年（昭

**山鹿・各地間定期自動車發車一覧**
（下ハ配置車所～合計 貸切料金等・所要時間）

| 方面 | 熊本 | 植木驛 | 來民・隈府 | 高瀬 | 木葉 | 萬田・大牟田 | 福島 | 南關 | 岳間 | 相良 | 三玉 | 大濱・黒木 |
|---|---|---|---|---|---|---|---|---|---|---|---|---|
| 回数 | 十五回 | 十一回 | 十一回 | 九十五回 | 六回 | 八回 | 六回 | 六回 | 九回 | 十回 | 六回 | 二回 |
| 發車所名 | 熊本自動車会社 | 山鹿朝日館自動車部 | 高瀬果實自動車部 | 船津自動車部 | 有働自動車部 | 民栗原自動車部 | 堀川自動車部 | 民高栗原自動車部 | 松猪自動車部 | 編猪自動車部 | 中原自動車部 |  |
| 町名 | 公園南門前・温泉堂前 | 廣丁（國語筋） | 花見坂前丁 | 小丁・熊町 | 下町 | 下町 | 廣町役丁場前 | 警察署角前 | 鹿町役場前 | 花見坂丁 | 上廣丁 |  |
| 電話 | 一二六〇・一四 | 三三〇 | 二二六一 | 二七七 | 四七 | 三六四七 | 三六九 | 二三四 | 二四 | 五二一 | 三四四二 |  |

図10 1929（昭和４）年１月の山鹿発車バス一覧からは鹿本鉄道と群立する乗合自動車の熾烈な競争がうかがわれる。
安田銀行山鹿支店発行九州管内汽車時刻表より　提供：阿部一紀

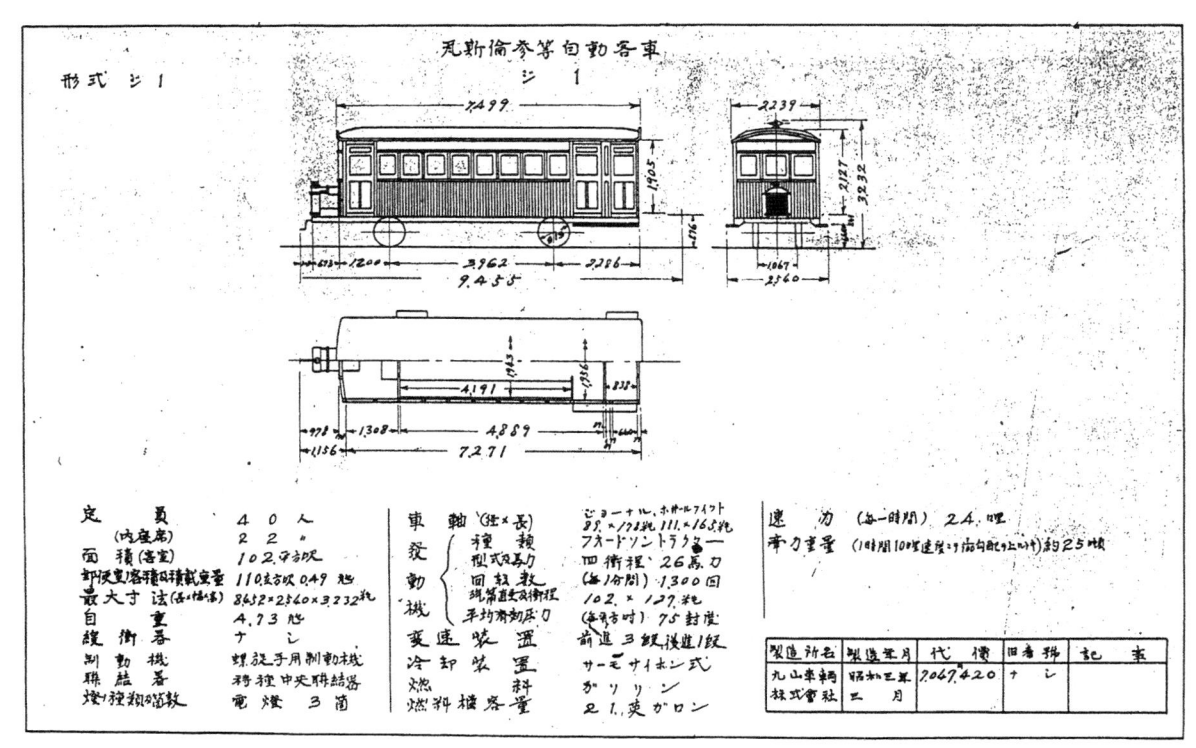

図11 ジ１竣功図（1928年に導入された自動客車）

所蔵：鉄道博物館

## 表3 鹿本鉄道営業成績〈開業より第二次大戦まで〉

各年度営業報告より

| 営業期 | 鉄道 旅客 輸送人員 | 鉄道 旅客 客車収入 | 鉄道 貨物 輸送トン数 | 鉄道 貨物 貨車収入 | 運輸総収入 | 同営業費 | 兼営自動車 旅客・貸切及び乗合 輸送人員 | 兼営自動車 旅客・貸切及び乗合 同収入 | 営業費 | 当期損益 | 資本金(千円) | 記事 |
|---|---|---|---|---|---|---|---|---|---|---|---|---|
| 2回大6 | | 282 | | 12 | | 329 | | | | 1,223 | 225 | 肥後豊田開業 |
| 3回大7 | | 25,554 | | 4,459 | | 19,593 | | | | 12,850 | | 宮原開業 |
| 4回大8 | 208k | 56,263 | 22k | 15,257 | 72,888 | 39,247 | | | | 22,050 | 750 | |
| 5回大9 | 229k | 82,763 | 31k | 24,302 | 107,881 | 50,366 | | | | 45,451 | | |
| 6回大10 | 213k | 80,021 | 26k | 27,267 | 107,854 | 77,035 | | | | 20,997 | | 来民開業 |
| 7回大11(1922) | 173k | 79,463 | 30k | 39,687 | 120,875 | 97,079 | | | | △7,088 | | |
| 8回大12 | 177k | 81,617 | 31k | 40,740 | 123,058 | 106,436 | | | | △1,684 | | 山鹿開業 |
| 9回大13 | 238k | 130,529 | 32k | 51,651 | 185,941 | 112,371 | | | | 676 | | |
| 10回大14 | 231k | 123,173 | 37k | 60,182 | 189,974 | 112,377 | | | | 21,486 | | |
| 11回大15 | 191k | 108,858 | 36k | 58,944 | 170,326 | 106,290 | | | | 18,561 | 1,250 | |
| 12回昭2(1927) | 168k | 95,744 | 33k | 58,761 | 159,656 | 89,878 | | | | 27,660 | | |
| 13回昭3 | 341k | 76,754 | 41k | 57,291 | 139,217 | 101,163 | | 4,599 | 4,714 | △1,383 | | ガソリンカー導入 |
| 14回昭4 | 341k | 75,259 | 39k | 54,012 | 132,650 | 101,453 | | 10,825 | 12,812 | △6,548 | | |
| 15回昭5 | 281k | 62,748 | 39k | 52,216 | 118,233 | 85,288 | | 12,034 | 11,463 | | | |
| 16回昭6 | 241k | 55,587 | 37k | 45,927 | 104,873 | 76,212 | | 12,200 | 8,238 | △1,155 | | |
| 17回昭7(1932) | 183k | 30,094 | 34k | 40,662 | 72,813 | 48,173 | | 営業120日 3,366 | 2,682 | △16,449 | | 以降無配 |
| 18回昭8 | 153k | 20,793 | 35k | 40,730 | 63,419 | 55,663 | | 営業161日 60,451 | 50,210 | △2,886 | | バス本格化 |
| 19回昭9 | 70k | 12,018 | 37k | 40,856 | 56,442 | 27,208 | | 142,656 | 141,191 | 1,245 | 875 | 減資 |
| 20回昭10 | 87k | 14,323 | 41k | 44,869 | 64,884 | 36,963 | 835k | 175,149 | 162,053 | 19,971 | | 復配 |
| 21回昭11 | 82k | 11,426 | 40k | 44,202 | 60,608 | 34,007 | 742k | 182,437 | 156,199 | 4,123 | | |
| 22回昭12(1937) | 92k | 13,041 | 41k | 45,753 | 61,210 | 39,856 | 805k | 182,993 | 171,768 | 18,714 | | |
| 23回昭13 | 168k | 18,958 | 44k | 47,461 | 68,227 | 54,324 | 687k | 229,752 | 172,742 | 28,495 | | 補助金復活 昭和24年迄 |
| 24回昭14 | 231k | 25,604 | 48k | 56,224 | 83,220 | 77,998 | 724k | 243,759 | 176,608 | 29,388 | | |
| 25回昭15 | 309k | 35,821 | 59k | 66,460 | 104,381 | 103,328 | 636k | 250,531 | 210,803 | 31,847 | | |

輸送人員、輸送トン数は100位以下切捨て。金額の単位は円。尚大正8～昭和2年の人員は人哩表示から、トン数はトン哩表示から各々換算した。

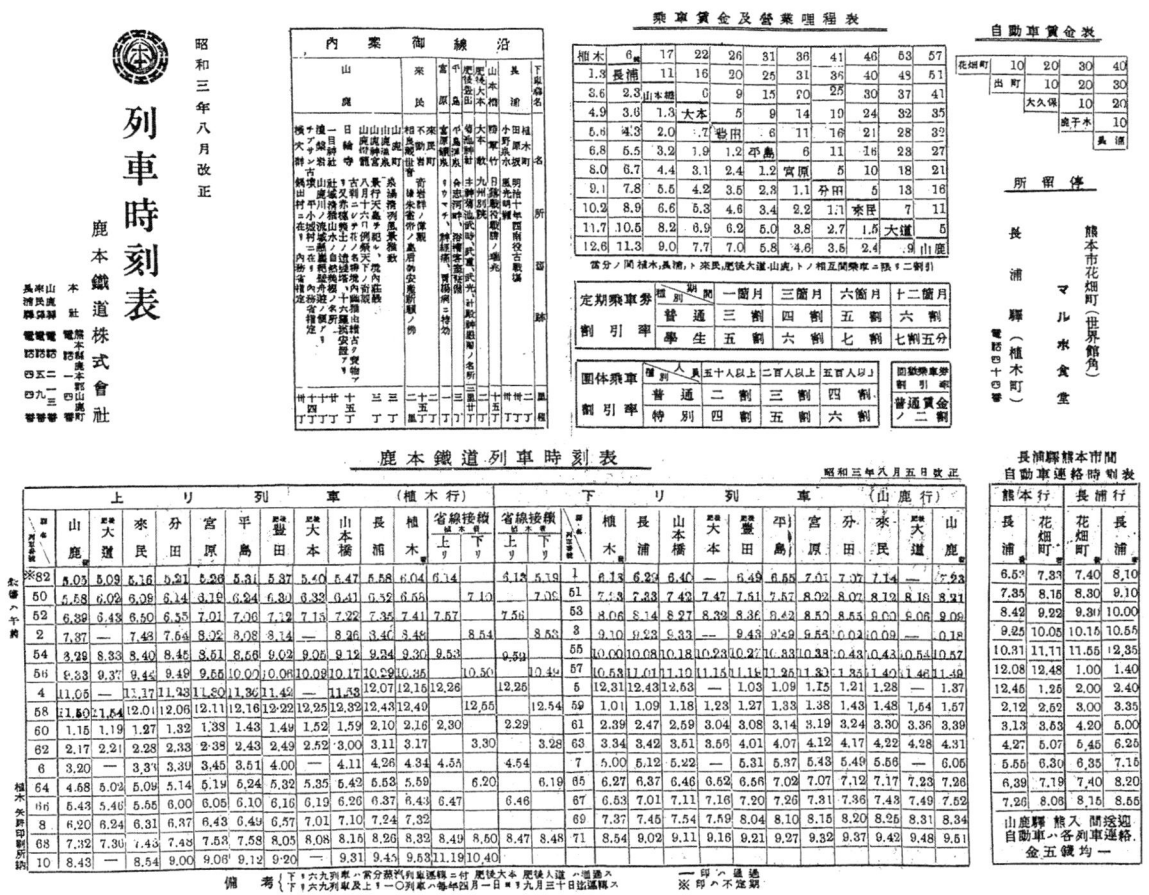

図12 昭和3年8月列車時刻表（自動客車及び連絡バス運転開始）

所蔵：山鹿市立博物館

和7年）3月下旬に至リ雄勢なる林田バスの進出あり之に伴い従来の業者が賃金（運賃）を値下したる為自動車の脅威は俄に増大し数旬の間殆ど空車を運転するの悲惨なる状態に陥れリ会社は対策として人件物件の非常なる整理節約を行い〉とあり激烈な運賃競争に巻き込まれた様子がわかる。

表3からわかるように昭和6年度対7年度で鉄道の営業費が約35％減であり、恐らく固定費部分にも猛烈な削減が及んでいる。そして自社のバスもお手上げになったのか1932（昭和7）年5月には一旦、自動車営業を廃止している。

しかし、その後、会社は方針を変え、バスに重きを置く事にした。1933（昭和8）年の総会で戸上社長は〈本期（17回）赤字（16,449円）を示すは年々並行沿線に対抗自動車の進出に伴い旅客吸収を奪取せられるに起因す。之を換言すれば近距離に於ける旅客輸送上汽車としては其の要件たる賃金安、便利、迅速の点に於て遙かに自動車に遜色ある交通機関なればなり（中略）本社当面の措置として甚だしき減収なき貨物は之を汽車に旅客就中本社の生命線たる山鹿熊本間の旅客は之を自動車兼営にまつを時宜に相応した対策と力説し資金の一部に任意積立金から2万円を振替たい〉と約1時間賛否の議論の末決議された。

旅客の鉄道輸送に見切リをつけた会社は1933（昭和8）年8月に時刻改正を実施、ガソリンカー17回混合7回を混合4回にそぎ落とした（注4）。更に経営面では1934（昭和9）年に資本金1,250千円を875千円に減資した。これは払込が終わった旧株式分750千円を1/2の375千円とし、払込み未済が前年で約150千円あった新株500千円はそのままとした。この減資について報告では〈本期に於て定款変更資本減少を為し会社財産の減価消却を行えリ〉としており財務強化が目的とわかる（図13）。

図13　鹿本鉄道昭和9年減資時の株券　　　提供：山鹿自転車道

自動車による熊本直通便に重きを置いた会社は鉄道車輌の整理売却、バスの購入、大小同業者の買収を進め表3にある如く自動車の輸送人員、収入とも鉄道のそれを遙かに上回るバス会社に変わっていった。1936（昭和11）年には車輌37台4路線84キロとなり、熊本の都心花畑町にバス待合所と売店を建設している。沿線の先行業者の路線権と車輌を買い取リ地域独占を進めたのは、その頃熊延鉄道が進めたバス路線の一元化と全く同じであり、時代が認めたのだろうか（注5）。

昭和12年度は鉄道旅客も利用、収入とも上向いてきたが、同年度報告からはこの年が自動車事業のピークと判る。車輌数は乗合、貸切、郵便で45輌と、対前年8輌の増加だが、新車15輌購入旧車7輌整理と、質が向上している。輸送人員、収入とも伸びており、路線延長も前年の84キロから7路線111.6キロになり、最高であった。同報告では、植木－熊本間簡易舗装に当リ材料代を県に寄付するとあり、熊本線が要であり、それなりのサポートを行っている。

1938（昭和13）年になるとガソリンの購買券追加申請

熊本の中心、花畑町に並ぶ鹿本バス。1933年シボレー20台で積極的にバス事業に進出したが、戦時下の1943年には九州産業交通に譲渡となってしまう。
『鹿鉄50年史』より

山鹿に着いた混合列車。前年に駄知鉄道から購入した4輪客車ハ3・4が見られる。

1940.4 山鹿 P：牧野俊介

や商工大臣あてにガス発生炉設置奨励金交付申請が行われ、路線も101キロに減少している。1939(昭和14)年報告では、ガソリン配給減燃料不足、運行回数減だが事変関係上交通者多、とあり新車も続いて1938年9輌、1939年8輌購入している。さらに1940(昭和15)年の報告では〈当期に於けるガソリンの消費規制は前年下半期に於て愈々加速度的に強化せられ従って薪木炭に依る代用燃料車は今期すでに保有車輌の7割(36輌の内25輌と見られる)に達せリ、而して代用燃料による結果は燃料費及び修繕費の支出倍加し－中略－期末に於て新車(トヨタ2600年式20人乗リ)4輌を購入得たるは本社の特に意を強くする処なリ〉とあり、鉄道の輸送力不足でレールへのシフトが難しい状況だったと思うが、統制経済下制約が多くなったバス事業になお邁進する姿勢が感じられる。

　鉄道は事変の影響で人、物の往来が増え、1939(昭和14)年客車を購入、1942(昭和17)年蒸気動車借入のち購入、国鉄ほかから蒸気機関車を借リ入れ、戦争を乗リ切った。

　戦時体制が深まる中で企業整備が政府の指導のもと進められ、熊本県の自動車事業は1942(昭和17)年設立の九州産業交通株式会社(以下産交)(注6)に一元化されることになり、翌年9月自動車部門すべてを40万円で譲渡した。この一元化は一般的には鉄道とバスを含

めて一県または1ブロックで1業者としたようだが、熊本県では鹿本、菊池、熊延の各鉄道部門はそのままとして、自動車事業が全県統合の対象になった。50年史では〔鹿本鉄道は古田社長以下バス分離に強く反対し、バスを分離するならば鉄道も一緒に統合すべしと主張したが遂に抗しきれず、私鉄への補助打切リの場合は元に戻すとの条件付で譲渡の止む無きに至った〕とある。産交30年史では譲渡について鹿本鉄道の臨時総会の議事録を引用している。即ち「緊迫せる時局下各種の企業は整備統制せられつつあり、ここに交通統制の目的上当会社の旅客乗合自動車事業を九州産業交通株式会社に譲渡せんとす。回顧すれば鉄道業不振のため経営の挽回策としてこのバス事業を開業し以来10年地元民各位の絶大なる支援によって年々相当の成績を挙げ来りしが近年資材の入手難より運輸機関としての使命を充分に全うすること能はざることはまことに遺憾のことなるも～」とバスの運行維持が困難になっていた様子がわかる。

　この間監督元の鉄道省はどのようなスタンスだったか。50年史ではあらまし〔鉄道省は時の古田社長に対し---現在は鉄道の経営も良好だが終戦の暁には今に倍するバスの氾濫は必至である。山鹿、熊本間のような九州に於ける最優秀な路線を切り離すことは誤りだ。会社さえ承諾せねば省は強制することは無い～〕とあ

リ、熊延鉄道が昵懇の門司鉄道管理局の幹部に相談したところあらまし「なるべく頑張って持っていること。戦争に勝っても負けても自動車の氾濫時代が来る」と言われ、田副社長は同じ場面に立たされている鹿本鉄道にもこの話を連絡したとされる(注7)。いずれも譲渡を迫られている立場の記録であり、官の公式発言とは思えないが(注6の通牒)、国鉄の中央、地方とも同じ見方であったのは興味深い。しかし現場の自動車行政は、県知事のもと警察の所管だったようで、1943(昭和18)年9月22日県知事代理として警察部保安課長立会て産交と乗合自動車運輸事業譲渡仮契約を結んだ。かくして鹿本鉄道は1933(昭和8)年以来路線の買収、車輌の更新増備に経営資源をつぎ込んで構築した鹿本郡と熊本市を結ぶバス網を失ったのである。

## 6、第二次大戦後の鹿本鉄道

　大戦が終リ疎開、買出し、復員等で旅客が殺到し、借入機関車や貨車を代用客車にして客をさばいた。インフレによる運賃値上げも給料ほか諸経費の値上がりに追いつかなかったのか、1947(昭和22)年から再び無配になり、以後復配することは無かった。

　73頁の表4の如く1948(昭和23)年から旅客の減少が

始まる。1950(昭和25)年末熊本へ直通乗り入れが始まリ、年間70万人台まで回復したが、バスとの競合で運賃設定に制約を受け(注8)、水害による運休で収入減と復旧費用負担が加わり、経営に影響を与えていた。1952(昭和27)年5月の定期総会で観光客に判り易いよう社名を山鹿温泉鉄道株式会社(以下温鉄)に改めた。

　長らく875千円だった資本金は、1948年3,000千円に増資以後4回にわたり増資を重ね、1956(昭和31)年には40,000千円になり主に損失の補填に使われた(50年史56頁)。この間無配にかかわらず株主はよく払込に応じたと思う。もっとも1957(昭和32)年3月の株主名簿からは上位20名で総数80万株の内45万株を所有とわかリ、戦後の株主構成は第3節で述べた戦前30年前とは全く変わっていた。おそらくインフレによる通貨価値の変化と農地解放による地主の消滅が主因と思う。しかし同期の役員名簿では、取締役16名の内12名、監査役4名が沿線の首長、議員等で占められており、郡是鉄道の伝統を感じる。

　1953(昭和28)年6月26日の水害は全線にわたり、損害約2000万円に達し、復旧熊本乗り入れ再開は11月であった。この年度39回は水害の影響と48名の人員整理の費用約300万円等で1300万円の営業損失を出してい

熊本駅2番線で折り返し11時23分発山鹿行とした発車を待つキハ2。低いステップは客車ホームの高さと揃っている。　　1955.7.20　P：福井　弘

鹿児島本線を走る乗り入れ気動車。
1955.1　西里－上熊本　Ｐ：田上省三

実現しなかった大型気動車投入に代え、1955年４月１日からはバス改造
のレールバスの運転を開始。　1955.3.31　山鹿　所蔵：熊本日日新聞

る。同年積極策であろうか大型の160馬力ディーゼルカ
ー２輛の増備を図ったが水害で実現しなかった。

　また８月にバス営業を復活する為、産交に1943(昭和
18)年譲渡したバス事業の返却を求めて社長が訪問し
た。譲渡仮契約にある解約条件の、国鉄補助金打切り
が1948(昭和23)年実施されたので解約可能と判断した
のである。補助金が無くなって５年後に申し入れとは
水害による運休で苦境に立たされたからでもあろう。
産交としてもドル箱の山鹿線を手放す筈もなく、９月
から10月にかけ契約破棄をせまる温鉄と、本契約が成
立しているので仮契約は無効とする産交とは３回にわ
たる内容証明郵便のやりとりを行っている。最後11月
18日に産交は「再三迷惑だ、拒絶を確答」と態度を崩
さず、物別れとなった。なお、これより前1950(昭25)
年６月に一般旅客乗合自動車運送経営免許申請書を提
出、翌1951年４月平島温泉線13キロ、田島線(植木駅－
高江)18キロが免許下付されたが、資金難のため実現し
ていない(50年史51頁)。

　1955(昭和30)年６月再び乗合自動車運送免許を申請
した。今度は鉄道沿線と郡内の主なところから熊本駅
に至る６路線、総延長203キロ、バス18台、１日46回運
行という計画で、ルートは図14のように1943(昭和18)
年産交に譲渡時とほぼ同じである。残っている陳情書
を見ると提出元は沿線市町村長、同議員をはじめ農業、
畜産、蚕糸の組合、婦人会、青年団、消防団、会社経
営者等こぞって名を連ねている。

　1957(昭和32)年には同じようなメンバーで構成され
た山鹿温泉鉄道復興協力会からの陳情が繰り返された。
提出先は県選出の衆参７議員や運輸省、国鉄の各所と
申請路線が重なる西鉄、産交、熊本市などを網羅して
いる。西鉄向けては〝～鉄道の健全自主経営の為鉄道
併行バス事業の兼営免許を申請致した実情であります。
従って該社の真意は貴社と一部路線競合しますが、貴

社への対抗でもなく素より挑戦でもなくひたすら鉄道
経営の基礎確立をもって郡民に奉仕せんが為の出願
～〟と姿勢を低くしている。歴史は繰り返すで1933(昭
和８)年にバス転換を決意した時と同じ様に、時の石坂
社長としては経営の好転を期待しての申請であったが、
当時の熊延鉄道社長田副敏郎をして「特に当時に於て
は権勢並ぶ者なき野上(産交)社長が云々」と言わしめ
た(注９)産交の勢いに対しては、運輸当局も一目置い
ていたのか、〔当事者での話合いはできぬか〕と言うだ
け(50年史75頁)で何ら進展はなかった。

　そのうちに1957(昭和32)７月26日豪雨により再び全
線にわたり被害を受けた。応急復旧に3000万円、完全
復旧に１億円といわれ、特に植木駅構内から植木トン
ネルにかけて被害がひどかった。沿線住民、通学生や
再度の人員整理で闘争中の組合員も復旧工事に参加
(注10)、なんとか山鹿から植木町までは９月初旬に復
旧したが、植木までは築堤の崩壊がひどく復旧の目処
が立たず、８月18日一般乗合旅客自動車運送事業(臨
時)経営免許申請を福岡陸運局に提出、23日に許可を得
ている。こうして植木－植木町は同社貸切バスによる

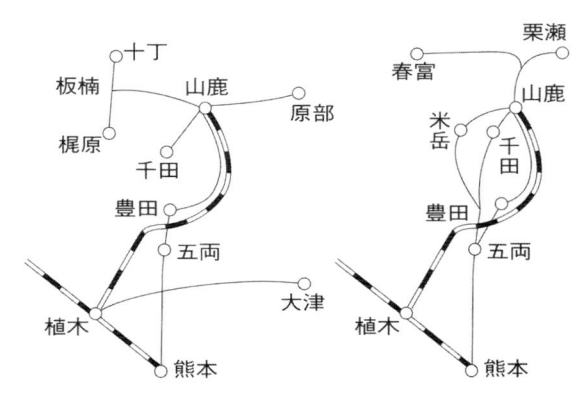

図14　鹿本バス路線図　昭和18年譲渡時（左）と昭和30年申請時（右）
『鹿鉄50年史』より

バス連絡、植木町－山鹿間は気動車運行、貨物列車は運休とした。申請中の路線バス免許について9月に衆院運輸委員会で水害復旧とからめ取り上げられたが、運輸審議会で審議中とかわされた（50年史44頁）。

　表4のように熊本乗リ入れ後年間約75万人で推移していた輸送人員がバス連絡が始まると45万人程度に減少、赤字幅が広がった。会社は植木－植木町の営業休止期間延長申請を1960（昭和35）年9月まで5回繰リ返しているが、もはや自力で復旧費を工面する力はなかった。延長理由では前出〝復興協力会の許地元市町村及び農業、畜産、養蚕等産業団体で2000万円銀行融資1000万円で復興にあたる見透し〟等と周りの支援を期待しているが、調達に至らなかった。

　遂に1960（昭和35）年11月29日付けで12月6日から翌1961年6月30日まで営業休止許可申請を行っていたが、11月30日に〝車輌の状態が悪化、地方鉄道基準に基くタイヤ限度24ミリを超えた（以下になった）、割損のおそれあり〟と12月1日からの休止を申請、全線運休してしまった。なぜ運休が6日から1日に繰り上がったか、このあたり少し長くなるが監督局作成の供覧メモから紹介する。

　〝12月7日　福岡陸運局監理課長より電話連絡

　12月7日　温鉄代表取締役青木尾山氏を陸運局に招致、局長、鉄道部長、自動車部長、監理課長、旅客課長が面接の上事情を聴取した。

（1）12月6日から休止したいと申請しながら1日より休止したのは如何なる理由かとの詰問（原文のママ）に対しては次のような答えがあった。

「車輌が老朽で1番列車を出すのには寒い時期でもあリ一晩中始動させておいた事もある。しかし部品がなく修理不能となリ、従業員には3ヶ月賃金未払いで12月を迎える事になった。燃料油は日買いてその日の水上げて買っているが、106万円の借りができ業者から敬

遠された。従業員の精神状態も不安定になって来た。このため不測の事故が心配されるに至リ止むを得ず休止に入った。申し訳ない」

（2）従業員正規17臨時11計28人うち運転士2保線1車輌1が残留、他24人は辞職した。

（3）賃金未払分120万円は12月不要用地売却により支払ずみ。退職金220万円も12月中に3回に分け上記の方法で支払う。課長以上の者には用地その他現物で退職金に充当する。

（4）4人残留させたのは万一再建できる場合に備えたもので、地元としては復活を希望している。しかし開銀その他の金融機関から断られ地元に資金捻出の力はない。

（5）定期客は学生310名一般40名ほかに優待バス20名位あり。4日現在で300名払戻しずみである。

（6）九州産業交通バス側の話では前記の80％位が同社のバス定期券を購入した由。

（7）私鉄総連は以前に脱退しており問題ない。九州地方の連合的組織に加入しているが、組合費未納の状態で山鹿のセカワ委員長が説明に行き了解してもらった。

（8）山鹿警察署警備課は労組、地元の出方待ちである。いまのところ現地は平静である。

（9）以前より植木植木町間は貸切バス（5輌保有）によ

水害で倒壊した植木駅の給水桶。
1957.7　植木駅構内　所蔵：山鹿自転車道

1957年の水害における植木－植木町間の道床流出。これにより温鉄は国鉄連絡を断たれることとなった。　1957.7　所蔵：山鹿自転車道

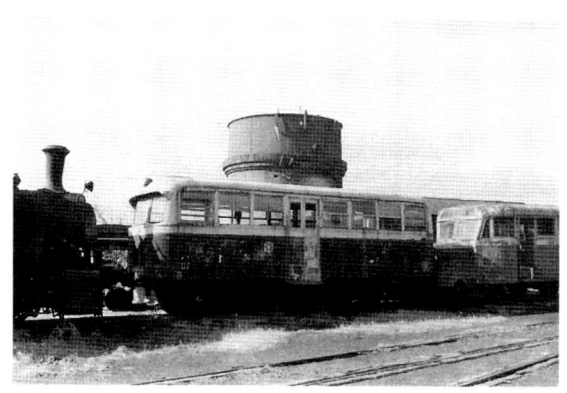

名物となったレールバスも1957年には休車に。その活躍はわずか約2年であった。
　　　　　　　　　　　　1961.1.1　山鹿　P：田尻弘行

水害に伴う人員整理を闘う組合集会。
　1957.8　山鹿温泉鉄道本社前　所蔵：藤川実盛　(提供：堀田三直)

リ鉄道代行運送をしていたが、これも今回やめた。貸切バス業に専念する（路線バスは全然なし）。
(10)青木氏は同社が数年前出願していた山鹿植木間のバス進出に対し是非とも免許を願いたい旨陳情を申し添えていた。″

　鉄道の植木－植木町間復旧が成らない内にとうとう行き詰まった事がよくわかる。陸運局の調査書でも″現在鉄道で輸送している輸送量はバスで充分賄えると思われる″とし、対熊本の旅客輸送について鉄道の必要性はないとしている。しかし会社は休止期間延長を重ねる間、なお再建策として１、自治体、産業団体による管理運営　２、専用自動車路線による運営　３、他社との提携または売却による復興、を検討したり、また山鹿市長を会長に温鉄復興協力会が不通区間の復旧費の再度調達を図るなどの動きがあったが結果を得られず、問題の先送りはこれまでと、1964(昭和39)年５月の定時総会(出席43名)で営業廃止申請を議決、但し

廃止後５カ年間は道床の保存に努め鉄道復旧の可能性を残すとの条件が付された。

　廃止申請について行政の働きかけがあったようで、49回昭和39年度報告書にある廃止決定の理由書に〈昭和38年に至リ行政監察、運輸両当局の鉄道廃止の示唆、指導に基き最終的復興策として沿線市町村に依る公営企業としての鉄道経営を深刻に検討したが、財政事情その他の事由に拠って鉄道の公営には幾多の困難が存在して早急実現の見込みがたたず。一方全面運休で収入皆無〉と追い込まれた情況がみえる。

　会社は以後の望みをバス営業に託し倒産を回避すべく自主整理に乗り出した。49回昭和39年３月期末の負債は約6,600万円で、その中のトップは国鉄への運賃未払い分(植木駅からの連帯運賃の国鉄区間分)で、利息を含め2,500万円に達した。この支払は長年に亘リ滞っていたようで、10余年前昭和26年３月期の未払い金18,817千円の明細表に連絡収入相殺残額14ヶ月分7,841千

## 表４　鹿本鉄道－山鹿温泉鉄道営業成績〈第二次大戦後〉 各年度営業報告又は50年史より、但し昭30年度以降は廃止申請書類より摘出

| 営業期 | 鉄道 | | | | | | 兼営自動車 | | | 当期損益 | 資本金(千円) | 記事 |
|---|---|---|---|---|---|---|---|---|---|---|---|---|
| | 旅客 | | 貨物 | | 運輸総収入 | 同営業費 | 旅客・貸切及び乗合 | | | | | |
| | 輸送人員 | 客車収入 | 輸送トン数 | 貨車収入 | | | 輸送人員 | 同収入 | 営業費 | | | |
| 30回昭20(1945) | 1,012k | 281,108 | 41k | 48,215 | 337,637 | | | | | | 875 | |
| 31回昭21 | 1,449k | 1,268,758 | 48k | 160,329 | 1,434,125 | 1,414,251 | | 47,069 | 23,084 | 72,529 | | |
| 32回昭22 | 1,466k | 4,065,375 | 49k | 834,971 | 4,921,323 | 5,054,525 | | 13,163 | 30,455 | △92,745 | | 以降無配 |
| 33回昭23 | 1,018k | 11,117,084 | 49k | 3,329,953 | 14,498,826 | 14,919,640 | | | | 235,010 | 3,000 | |
| 34回昭24 | 659k | 10,733,852 | 50k | 6,490,548 | 18,763,468 | 24,260,518 | | | | △4,955,978 | | |
| 35回25.1.1～3.31 | | | | | ※5,055,836 | ※6,337,391 | | | | △1,281,555 | | 50年史より |
| 36回4.1～26.3.31 | 445k | 7,876,788 | 37k | 7,979,221 | 16,175,550 | 22,135,594 | | 2,189,831 | 2,389,631 | △6,566,998 | | 決算期変更 |
| 37回昭26.4.1～ | 726k | | | | 24,073,092 | 24,505,393 | | 3,013,613 | 2,766,256 | △184,944 | 9,000 | 50年史より |
| 38回昭27 | 749k | | | | 27,597,701 | 27,985,266 | | 2,244,621 | 2,142,040 | △284,984 | | 50年史より |
| 39回昭28 | 645k | | | | 25,420,416 | 39,159,758 | | | | △13,739,342 | 14,000 | 50年史より ※2 |
| 40回昭29 | 754k | | | | 34,130,981 | 35,348,609 | | | | △1,217,628 | 20,000 | 50年史より |
| 41回昭30(1955) | 741k | 14,475,039 | 31k | 7,437,764 | 25,240,633 | | 33k貸切 | 6,117,247 | | | | |
| 42回昭31 | 735k | 14,946,245 | 31k | 7,462,988 | 25,336,444 | | 34k | 6,443,468 | | | 40,000 | |
| 43回昭32 | 456k | 8,158,269 | 9k | 2,482,378 | 11,812,236 | 20,745,756 | 101k代行バス | 1,556,622 | | △7,299,394 | | 7.26大水害 |
| 44回昭33 | 449k | 6,782,860 | 0 | 0 | 6,935,343 | 10,293,528 | 176k | 1,535,375 | | △4,055,051 | | |
| 45回昭34 | 467k | 6,648,421 | 0 | 0 | 6,853,960 | 10,353,532 | 155k | 1,379,720 | | △5,062,321 | | |
| 46回昭35 | 306k | 4,290,266 | 0 | 0 | 4,583,343 | 12,317,573 | 93k | 970,712 | | △3,800,267 | | 11月30日で全面運休 |

輸送人員、同トン数は100位以下切捨て。金額の単位は円　※は鉄道、バス合算の収入と営業費　※2：6月26日大水害

円があり、50年史70頁には1952（昭和27）年国鉄から未払いに対し直通連絡輸送中止の指令が出され、本省に出頭し返済計画を提出し凌いだとある。ついでだが1951（昭和26）年3月末の未払い金の2位は新潟鐵工所への車輌代4,800千円で、3位は三井石炭の石炭代2,989千円と続き、既に資本金（3百万）を超え、当年度の鉄道収入16,175千円をも上まわる額に達していた。

　清算に戻ると、まずレール、客貨車、鉄橋（除く菊池川）など物件処分による22,000千円で借入金の返済、一般並びに労働債権の支払に充てた。線路敷の土地は沿線自治体への滞納税金の代わりに引当（これは当初の案で、実際には線路敷は渡されず、後年熊本県に売却された）、停車場は国鉄に返却した植木を除き縁故会社の鹿鉄停車場株式会社に管理使用を認めた。この会社

運休から1ヶ月を経た山鹿駅。閉された出札窓口は二度と開く事はなかった。
1961.1.1　P：田尻弘行

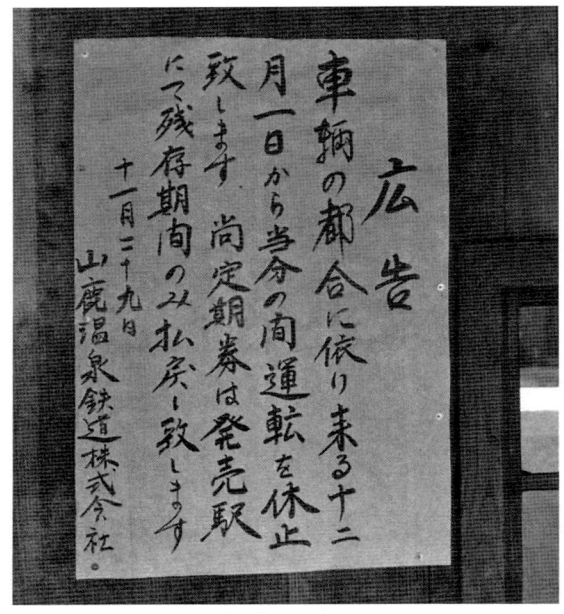

出札窓口横に貼り出された運転休止のお知らせ。
1960.12　植木町　P：中村弘之

は鉄道の主たる債務を肩代わりするため1960（昭和35）年11月設立され、早速12月全線運休に伴う人員整理で入用になった未払給料、退職金に充てる450万円を山鹿駅構内の一部を担保に用立てている。その後この用地は鹿鉄停車場の所有となり、自動車学校が作られた。残る債務は立山一社長の個人保証8,000千円による第一銀行の支払応諾、有価証券担保で鹿鉄停車場（株）に地場銀行から13,000千円の融資成立など立山社長主導で処理が進められた。国鉄との連絡運賃未清算分の交渉は20数回に及んだが、11月に和解成立、12月1日付けで鉄道財団融資分の債権者熊本相互銀行、その抵当権者中小企業金融金庫から解除の同意が得られ、ようやく1964（昭和39）年12月3日鉄道運輸営業廃止を申請した。翌1965年2月4日決済で鹿本郡の鉄道は50年の生涯を終えた。

　自然災害の復旧を断念して、鉄道を廃止した私鉄は多いが、バス転換が適わずダブルパンチで廃止になったのは全く悲運であった。

## 表5　鹿本鉄道―山鹿温泉鉄道沿革

|  |  |
|---|---|
| 1915年11月 | 鹿本軌道㈱設立　資本金225,000円 |
| 1916年6月 | 鹿本鉄道㈱に社名変更3'6"軌間蒸気鉄道で敷設免許出願 |
| 12月 | 植木―山鹿間免許下付 |
| 1917年12月 | 植木―肥後豊田間開業 |
| 1918年12月 | 肥後豊田―宮原間開業 |
| 1919年3月 | 増資　資本金750,000円 |
| 1921年4月 | 山鹿―三岳間延長線敷設免許出願 |
| 12月 | 宮原―来民間開業 |
| 1922年5月 | 三岳延長線免許下付 |
| 1923年12月 | 来民―山鹿間開通 |
| 1926年7月 | 増資　資本金1,250,000円 |
| 11月 | 自動車兼営認可 |
| 1927年12月 | ガソリン動力併用認可 |
| 1928年8月 | ガソリン動車による増発、熊本へバス連絡開始 |
| 1930年7月 | 山鹿―三岳延長線免許失効 |
| 1932年5月 | 兼営乗合バス営業廃止 |
| 1933年8月 | 旅客のバス転換、気動車廃止、列車回数削減 |
| 1934年12月 | 減資　資本金875,000円 |
| 1935年 | 列車回数減に伴う余剰車両売却 |
| 1937年 | バス事業最盛、同業者買収で7路線総延長111km.車輌45台となる |
| 1939年12月 | 鉄道利用者再増、駄知鉄道より4輪客車購入 |
| 1942年2月 | 小倉鉄道より蒸気動車借入、11月購入 |
| 1943年10月 | 臨時総会決議、九州産業交通㈱にバス事業譲渡 |
| 1947年9月 | 長浦―山本橋間客車脱線転覆、死傷者が出る |
| 1948年11月 | 増資　資本金3,000,000円 |
| 1950年12月 | 新造ディーゼルカーで植木―熊本乗入れ開始 |
| 1951年10月 | 増資　資本金9,000,000円 |
| 1952年5月 | 社名変更　山鹿温泉鉄道㈱ |
| 1953年4月 | 増資　資本金14,000,000円 |
| 6月 | 大水害、損害2千万円、全線復旧11月 |
| 1954年5月 | 増資　資本金20,000,000円 |
| 1955年4月 | レールバス投入増発 |
| 1955年6月 | 山鹿―熊本などバス路線免許申請 |
| 1956年4月 | 増資　資本金40,000,000円 |
| 1957年7月 | 大水害、損害3千万円 |
| 9月 | 植木町山鹿復旧、植木植木町バス連絡、国鉄連帯運輸停止 |
| 1960年12月 | 植木町―山鹿運休、植木連絡バスも運休 |
| 1965年2月 | 鉄道廃止、鹿鉄バス㈱発足 |

廃止後、直ちに車輛の処分が始まった。廃止決裁7日後、搬出されるキハ1・2。　　　　　　1965.2.11　山鹿　所蔵：熊本日日新聞

## 7、自転車道に変身

　会社は鹿鉄バス株式会社となって貸切バス営業で再スタートしたが、事業の見直しをはかり1971(昭和46)年解散の手続きに入った。バス営業は鹿鉄停車場に引き継がれ、同社は鹿鉄交通株式会社と改称した。その頃、大規模自転車道を全国に建設する施策が持ち上がり、1973(昭和48)年県道熊鹿自転車道に大半の線路跡を活用する事業化が決定したのを受け、1974(昭和49)年解散を中止、山鹿自転車道株式会社と改称、線路敷の保全、県道の為の用地化、測量等、県の購入に対応する業務を始めた。用地は予算の都合でこまぎれに買収され自転車道になっていったが、1992(平成4)年熊本市まで34キロがやっと完成した。今では山鹿から植木までは往年の汽車道を思い浮かべながらサイクリングを楽しめる。山鹿自転車道(株)は初期の役目を終え、

途中鹿本の駅跡に設けられた駐輪場でのサービス事業などを行なっているが、今年は鹿本鉄道創立90年の節目でもあり、次の展開を図っている。

注1　『熊本電鉄創立80周年記念史』33頁
注2　『国鉄自動車20年史』446頁　但し瀬高町－南関13キロの開業は1941(昭和16)年12月
注3　鉄道省文書：昭和5年度電化費について「電化の見込みなきものなら消却すること」の書込みあり
注4　鉄道省文書：昭和10年5月動力変更認可申請時の供覧メモより
注5　『陸運10年史』第2巻595頁　1931(昭和6)年4月公布の自動車交通事業法では、事業の譲渡合併による「一路線一業者」とする方向に行政の主眼がおかれた。
注6　『陸運10年史』第2巻591、597頁　鉄道省は1942(昭和17)年8月通牒をもって旅客自動車運輸業の統合を指示。そのなかの統合方法について「三、主体となるものなき場合は新設会社の設立」としており、産交はこれに該当する。
注7　伊吹六郎『田副晴伝』267、273頁
注8　中村良成「山鹿温泉鉄道の廃線跡を歩く」鉄道ピクトリアル557号158頁　1960年11月当時、同距離で山鹿50円、熊延80円、津軽85円、国鉄40円
注9　田副敏男『熊延回顧録・随想』224頁　熊延鉄道創立40周年記念式典のくだり
注10　1957(昭和32)年8月27日付け西日本新聞

植木駅から1/20の勾配を上がる線路跡の自転車道。右は単線電化前の国鉄線跡。
1999.4.30　P：中村幸史郎

山本橋駅跡は駐輪場となった。　　　　1999.4.30　P：中村幸史郎

キャブオーバー型の独特の形態となったバス改造気動車キハ102。単端式ながら車載の油圧式ジャッキによって方向転換した。後部に見える転向路用の補助車輪に注目。　　　　1956.12.23　植木　P：奈良崎博保

植木町における上り貨物列車と気動車の交換。1949年まで長浦という駅名であった。　　　1957.3.15　P：松本昌太郎

## 沿線・駅など

　起点植木駅は丘陵の北斜面に沿った小駅で、国鉄から用地を借りていた共同使用駅だった。図15のように構内のはずれに木桶の給水塔があり、温鉄線の終端にはレールバスの転向台があった。国鉄乗り入れ気動車同士の交換は、国鉄1・2番線も使用された。

　植木を出ると鹿児島本線を右下に見て20/1000の勾配を上がり左にカーブして大築堤にかかる。この部分は度々豪雨により決壊する当線の泣き所であった。報告書の記録から拾うと、1920（大正9）年0M30C付近築堤修繕、1921（大正10）年6月築堤決壊約半カ月営業休止、1922（大正11）年7月線路崩壊約半カ月営業休止、1923（大正12）年7月洪水、線路浸水崩壊約半カ月営業休止、1924（大正13）年植木長浦間水害復旧工事、

1925（大正14）年植木長浦間線路築堤破損復旧工事、1928（昭和3）年梅雨期に稀有の大水害、長浦植木間線

温鉄植木駅ホーム終端、レールバス転向路に入るキハ102。
　　　　　　　　　　　1956.12.23　P：奈良崎博保

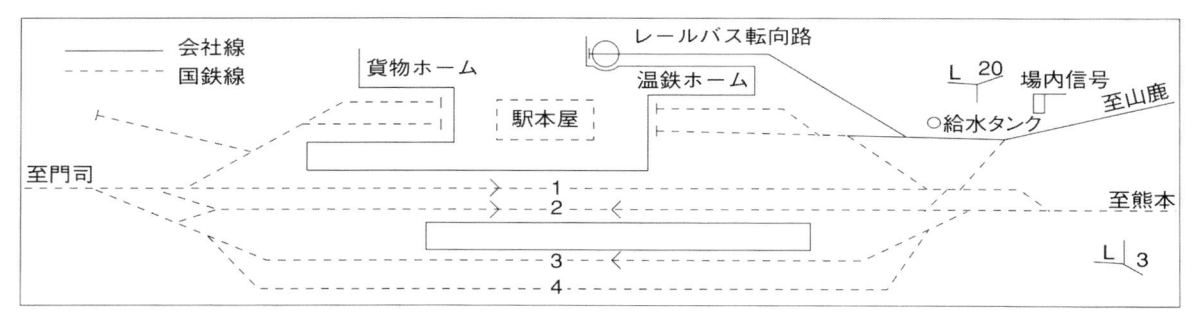

図15　植木駅配線図　　　　　　　　　　入替え作業内規・昭和30年7月（所蔵：山口雅左／提供：三宅俊彦）と写真より作成

植木町駅跡の自転車道。奥の国道橋はレールがあった頃と変わらない。
1999.4.30　P：中村幸史郎

植木町に入線する4号牽引の上り貨物列車。有効長を超えた長い列車だ。
奥に国道橋が見える。　1955.3.26　P：青木栄一

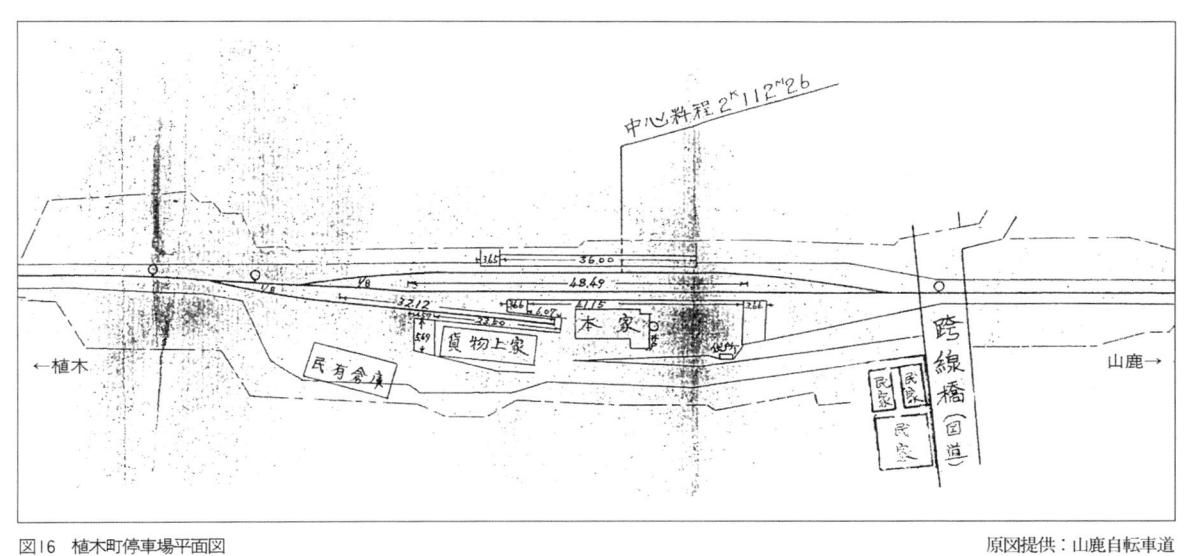

図16　植木町停車場平面図　　　　　　　　　　　　　　　　　　　　　　　　　　原図提供：山鹿自転車道

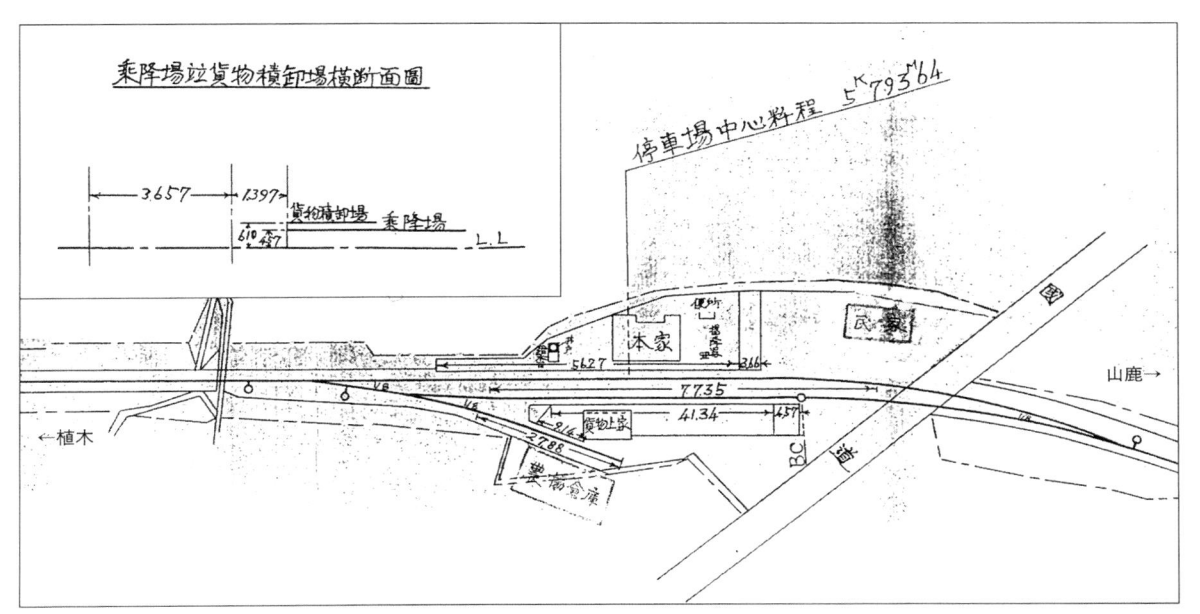

図17　山本橋停車場平面図及び乗降場竝貨物積卸場横断面図（各駅共通）　　　　　　　　原図提供：山鹿自転車道

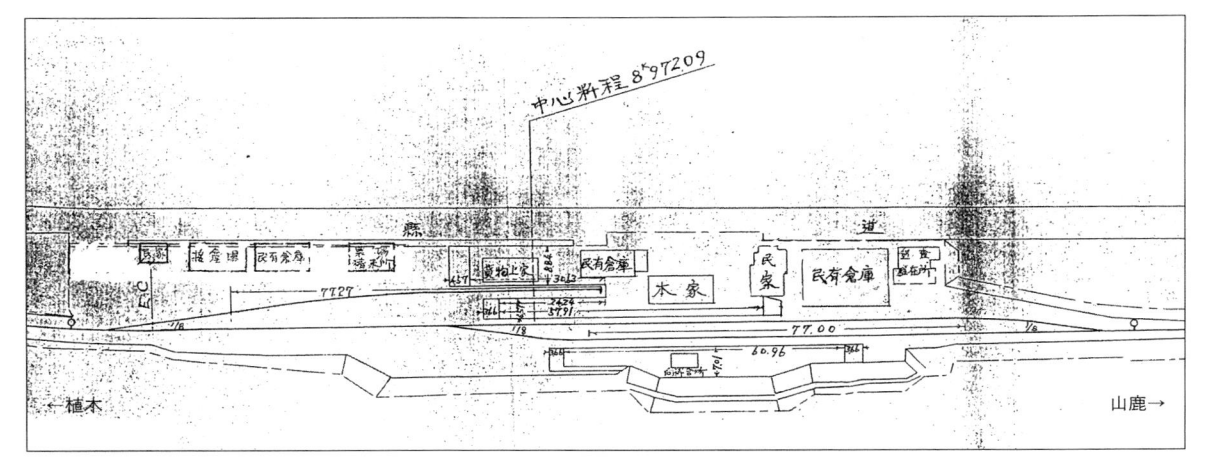

図18　肥後豊田停車場平面図　　　　　　　　　　　　　　　　　　原図提供：山鹿自転車道

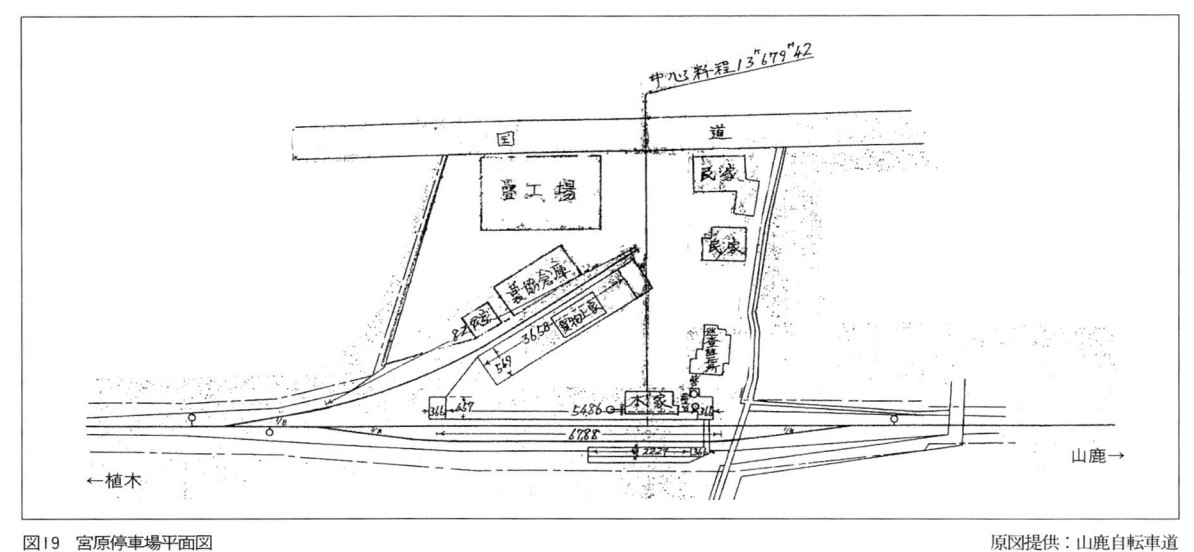

図19　宮原停車場平面図　　　　　　　　　　　　　　　　　　　　原図提供：山鹿自転車道

図20　来民停車場平面図　　　　　　　　　　　　　　　　　　　　原図提供：山鹿自転車道

▶菊池川を渡る上りキハ102。床下
中央の方向転換用のジャッキはへそ
のようだ。
　　　1956.4.29　分田—来民
　　　　P：松本昌太郎

▼(左)平島温泉駅舎跡。
　　　1971.10　P：中村弘之

▼(右)来民駅舎跡。
　　　1978年　P：西村亮一

路決壊運休、と毎年のように被害を受けている。

　欠陥工事とも思いたくなるが、1929(昭和4)年に植木長浦高築堤雨覆工事、同予備貯蔵砂利購入と対策が行われている。これに合うと思われるのが50年史42頁にあるあらまし〔一番困った事が植木トンネル地先の線路崩壊で梅雨あがりには5、6年間も毎年1万円程度の復旧工事が昭和の始めまで続いた。その土地は下の方がシロ土で地下水のにじみが止まらず、いくら盛土などしても固まらない。素人の考えて之を征服したのが星子鉄男さん(1934年役員)でドンゴロスを敷いてその上から何百枚ものトタン板をかぶせたところ、崩れが止まった〕との記録であり、雨水が路盤に浸こんで崩れるのを防いだと思うが、有効だったようで、以後報告は見当らない。前述のように戦後1953(昭和28)年と1957(昭和32)年に再び決壊し、最後は不通のまま放置された。

　さて当線唯一の長さ726ft(221m)の植木トンネルを抜けると植木町である。長浦という駅名で開業したが、1937(昭和12)年植木町に変更を届けるも、門司鉄道管理局から省線植木と紛らわしいとクレームが付き取り下げた。1949(昭和24)年5月駅名変更願でやっと植木町を名乗った。構内配線は図16のように上下対向ホームに貨物側線を持っている。以下各中間駅も基本は同じであり、島ホームの配線で統一した熊延鉄道とは対照的である。

　国道3号線から東に分かれて荒尾に向かう国道208号の下をくぐり、切通しを抜け丘陵や林の間を通り一つ木、今古閑と集落に対応したレールバス用の停留所を経て山本橋に着く。ここは1942(昭17)年蒸気動車運転に伴い給水設備が置かれた。南関に向かう県道の下をくぐり、やや北東に転じ棚状の農地の間を走ると今藤である。この停留場は1954(昭和29)年開設だが、1928(昭和3)年から1933(昭和8)年まで自動客車が停車した大本教九州別院に近い肥後大本の復活といえる。

　なお東進して国道3号線と交差すると肥後豊田である。線路は北に転じ丘の裾を通り舟島、伊知坊を経て平島温泉である。駅の東、合志川近くの平島温泉PRのため1949(昭和24)年平島から改名された。レールバス用の山城を過ぎると左に国道3号が見え展望が開けて宮原である。ここも終点の時は給水塔、ピット等機

草むす夏の山鹿駅構内。中央客車の奥が駅本屋、その左には3号機のボイラーが見える。手前右は同機の側水槽。　1956.8.10　P：高井薫平

関車折返し設備があった。宮原を出ると水田のなか国道と併行し奥永を経て菊池川に向かう。河畔の分田はホームが堤防上で駅舎が下にあったと言う。4連トラス橋で川を渡ると来民の町の西端にかかり線路は大きく左に曲がり来民駅である。ここから線路は西に向きを変え肥後白石、再び国道をクロスして1952（昭和27）年復活の肥後大道を過ぎ、山鹿の町の南端にある山鹿駅に到着する。構内も広く、本社が置かれていた。

　残念ながら営業中の駅、沿線の写真は少ない。線路跡の自転車道も併せて往時を偲んでいただきたい。

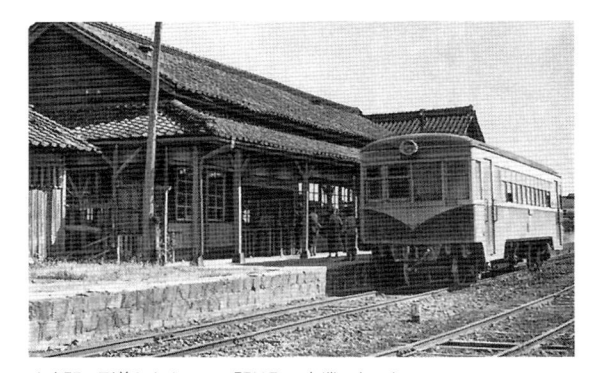

山鹿駅に到着したキハ1。駅は町の南端にあった。
1959.11.11　所蔵：熊本日日新聞

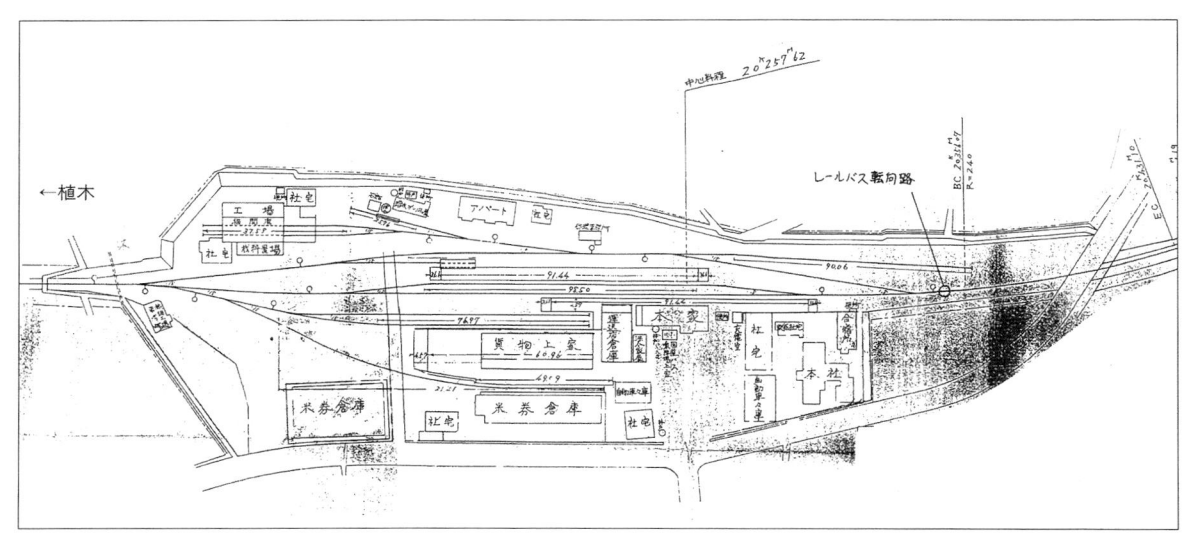

図21　山鹿停車場平面図　　　　　　　　　　　　　　　　　　　原図提供：山鹿自転車道

# 運行

1917(大正6)年開業から1960(昭和35)年運休までの運行情況を事故など交えてあらましを述べる。表6のデータは主に時刻表によった。

運転区間を植木から肥後豊田、宮原、来民と伸ばしてきたが、その間は途中交換無しの1列車運行で7～8往復の混合列車が走っていた。15トン機関車1輌使用1輌予備の体制だったが、1922(大正11)年4月15日山本橋－肥後豊田間で機関車が転覆、残る1輌は修理中のため、機関車借入の申請が電報でなされている。4月16日付〝門鉄と10号形24.11トンのもの貸下げ交渉中急ぎご認可ありたし〟、翌17日付〝機関車230形264号本日より5日間借受使用す〟となり、借りたのはBタン

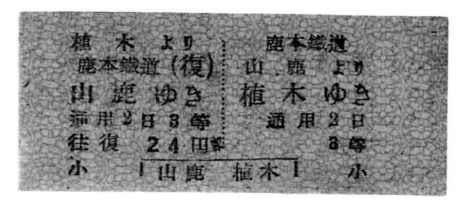

山鹿－植木間往復乗車券。　　　　　所蔵：西村亮一

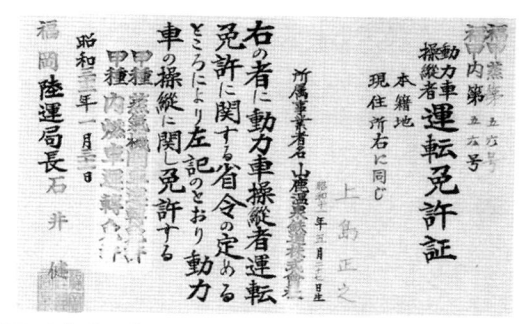

網田正之(旧姓上島)氏の取得した蒸気・内燃運転免許。
所蔵：網田正之 (提供：堀田三直)

クではなく1B1タンクであった。5月8日また転覆したが、借入の記録はない。

1923(大正12)年12月山鹿まで開通、増備の車輌を加え2列車運行が始まった。1925(大正14)年4月ダイヤでは山本橋、肥後豊田駅のどちらかで交換、9往復と蒸気列車では最多の運転が行われた。

1928(昭和3)年単端式ガソリンカー(自動客車)を走らせることになり、1月19日両終端駅に転車台設置の届、列車行違い駅を増やすため4月4日長浦、宮原、来民停車場一部設計変更届を提出した。同時に自動客

## 表6　列車運転回数の変遷

月は時刻表発行月、混：混合列車　G：ガソリンカー　D：ディーゼルカー　R：レールバス

| 区　間 | 時　期 | 下り回数 | 所要(分) | 上り回数 | 所要(分) | 交換駅、記事 |
|---|---|---|---|---|---|---|
| 植木－肥後豊田 | 1917.12開業 | 混8 | 28～32 | 混8 | 29～32 | 無・1列車 |
| 植木－宮原 | 1919.2 | 混7 | 44 | 混7 | 47 | 無・1列車 |
| 植木－来民 | 1921.12開通 | 混5 | 49～50 | 混5 | 53～55 | ほか植木、宮原1往復 |
| 植木－山鹿 | 1923.12開通 | 混8 | 65～66 | 混8 | 69～72 | 山本橋、豊田 ※1 |
| 〃 | 1925.4 (9月) | 混9 | 63～72 | 混9 | 69～72 | 山本橋、豊田 |
| 〃 | 1928.8 気動車運行開始 | G11 / 混4 | 56～59 / 65～68 | G11臨1 / 混5 | 59～62 / 70～74 | 長浦、山本橋、豊田 宮原、来民 |
| 〃 | 1932.12(33年2月)気動車廃止直前 | G7 / 混4 | 53～56 / 63～64 | G7 / 混4 | 54～59 / 60～68 | 長浦、豊田、宮原 ※2 |
| 〃 | 1934.12 (12月) | 混4 | 63～64 | 混4 | 65～67 | 無・1列車 |
| 〃 | 1939.12 (40年9月) | 混4 | 61～65 | 混4 | 65～67 | 無・1列車 |
| 〃 | 1942.6 (11月) | 蒸気動車2 / 混4 | 62～64 / 65～72 | 蒸気動車2 / 混4 | 67、68 / 66～73 | 豊田、宮原 |
| 〃 | 1944.3 | 混6 | 64～69 | 混6 | 67～75 | 山本橋、豊田、宮原 |
| 〃 | 1947.4(12月) | 混6 | 65～67 | 混6 | 65～70 | 豊田 |
| 〃 | 1949.9 | 混8 | 69～74 | 混8 | 71～80 | 植木町、山本橋、豊田 |
| 〃 | 1950.5 (10月) | 混6 | 69～73 | 混6 | 66～78 | 豊田 |
| 〃 | 1950.12-10乗入れ開始(51年4月) | D7 / 混4 | 51～54 / 64～66 | D7 / 混4 | 50～61 / 68～70 | 熊本乗入れ2往復 植木町、山本橋、豊田、宮原 |
| 〃 | 1951.6 (7月) | D8 / 混2 | 42～48 / 69、70 | D8 / 混2 | 43～49 / 64、65 | 熊本乗入は以降4往復 山本橋、豊田、宮原 |
| 〃 | 1953.3 (8月) | D9 / 混2 | 44～48 / 68～88 | D9 / 混2 | 44～49 / 66～68 | 植木町、山本橋、豊田、宮原 来民 |
| 〃 | 1955.4(8月)レールバス運転開始 | D9 / R5 | 46～49 / 46～54 | D9 / R5 | 46～52 / 46～54 | 山本橋、豊田、宮原 |
| 〃 | 1955.8 (12月) | D7+R4 / 混1 | 46～58 / 68 | D7+R4 / 混1 | 46～51 / 76 | 植木町、山本橋、豊田、宮原 |
| 〃 | 1956.3(12月) | D+R13 | 46～58 | D+R13 | 46～51 | 山本橋、豊田、宮原 |
| 植木町－山鹿 | 1957.11(58年1月) | D11 | 40～43 | D11 | 41～46 | 宮原、水害部分復旧連絡バス植木－植木町8往復 |
| 〃 | 1958.2 (4月) | D11 | 40～44 | D11 | 41～46 | 連絡バス植木10、熊本5 各往復 |
| 〃 | 1958.10 (59年2月) | D13 | 41～42 | D13 | 40～41 | 宮原、連絡バス植木11往復 |
| 〃 | 1960.8(10月) | D13 | 40～44 | D13 | 41～44 | 豊田、宮原、連絡バス下13,上12回 |
| 〃 | 1960.12(61年1月) | D9 | 40～42 | D9 | 40～42 | 宮原、運休前 |

※1：他に豊田、山鹿不定期1往復　　※2：他に山鹿、豊田上りG1回

## 鹿本鐵道 列車運轉時刻表
### 昭和十九年三月一日ヨリ改正實施

図22　昭和19年3月列車運転時刻表　大戦時の標語に注目
所蔵：山鹿市立博物館

車用停留所として山本橋－肥後豊田間に肥後大本（ひごおおもと／植木より4M71C／吉松村字今藤）と来民－山鹿間に肥後大道（ひごだいどう／同11M57C／大道村字古閑）の新設を4月12日許可された。そして8月5日より自動客車併用で15往復となったが、その所要は概ね60分で混合列車より約10分早い。離合は長浦、山本橋、肥後豊田、宮原、来民で適宜行われ、気動車2、機関車1輛使用であった。

1931（昭和6）年秋に陸軍特別大演習があり、軍部や参観者輸送の特別列車が運転された。そのため車輌借入使用認可申請が行われ、ボギー客車、荷物車、15トン積有蓋車等と3300形1C1機関車を機関手、助手込みで借りている。

1932（昭和7）年1月気動車が衝突、修理2,300円、遭難者医療費300円支出の記録がある。

1933（昭和8）年旅客輸送をバス主体に変更したので8月から混合列車のみ午前午後各2往復、1列車運行に縮小した。

1935（昭和10）年5月動力変更認可を申請、再び蒸気動力となった。戦時色の濃くなった1941（昭和16）年1月の他鉄道車輌運転認可申請では、〝4号機のタイヤ緩みで西鹿児島工場入場中予備の為借入〟を求め、1月24

熊本乗り入れのキハ1・2が植木駅の国鉄線で交換。国鉄への乗り入れは予備車なしの運用であった。　　1956.12.23　P：奈良崎博保

日決裁で3417号1C1タンクを1月20日～2月3日借用を認められている。条件〝本件は予備として借入れるもの、負担力やや超過するも先に大演習当時運転したる例あり〟と記されている。翌1942年7月11日～8月18日にも同じ理由で同じ3417を借りている。

1941（昭和16）年12月から臨時貨物を2往復設定（注11）、翌年2月には小倉鉄道から蒸気動車を借用、6月の時刻表では蒸気動車2、混合4計6往復運転とわかる。蒸気動車の所要は混合とほとんど変わらない。

太平洋戦争中の1944（昭和19）年3月、10月の時刻か

山鹿へ向う〝レールバス〞キハ101がキハ1と交換。

1957.3.21 肥後豊田 P：湯口 徹

らは蒸気動車と判る列車番号は無くなり、図22のように6往復とだけわかる。3月時刻表では交換駅が山本橋、肥後豊田、宮原と分散しているのに対し、9月では6列車とも豊田交換に揃っている。これも人、物を節約の戦時下の影響かも知れない。やはり時局を示すものに、チキ形式直通運転認可申請1942（昭和17）年11月提出、理由〝今次事変以来軍需用供出木材輸送増加〞で1943（昭和18）年5月決裁となっている。熊延鉄道でも同時期同じ申請がなされており、巨木の搬出が盛んだったらしい。

1944（昭和19）年12月茨城鉄道から借りたCタンク（注12）を加え機関車3輛で終戦を迎え、6往復を維持したが、1946（昭和21）年8月〝4号機一般修繕の為西鹿児島工機部に入場その間車両貸渡、運転認可なりたし〞と申請、700形711号1B1タンクを8月15日から10月14日まで借用している。

1947（昭和22）年4月改正でこれまでの終列車植木駐泊を止め山鹿始発、終着になり以後植木泊りは無くなった。50年史によれば1947（昭和22）年9月20日長浦－山本橋間で下り列車の客車と貨車が脱線し客車は横倒し

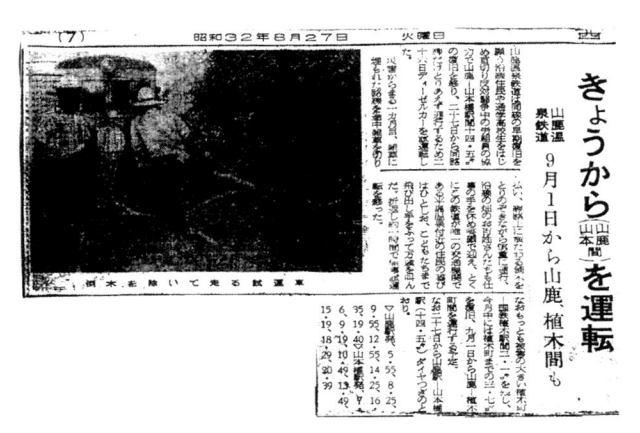

図23 沿線住民や通学高校生も参加した水害復旧作業を伝える昭32年8月27日付け西日本新聞　　所蔵：山鹿市立博物館

になり、乗客に死傷者が出る大事故が発生している。32回昭和22年度の報告書では〈営業費の25割7分の増加は不慮の脱線転覆事故の為予期せざる経費を要したると諸物価の暴騰による〉とあり当期の赤字の一因ともなっている。

山鹿−熊本間産交バスへの対抗策として、1950(昭和25)年12月10日から新造気動車をもって植木−熊本間12キロの乗り入れが始まった。国鉄区間も鹿本の乗務員で運行されている(注13)。当初は混合4、気動車7、内乗入れ2往復であったが、1951(昭和26)年3月改正では混合2、気動車8、内乗入れ4往復に成長し、社線内気動車の所要時間は約45分と混合列車に対し15分以上短縮した。1953(昭和28)年3月の時刻表からダイヤを読むと、夕方熊本からの気動車植木発18：03は先発の植木17：42発の混合列車を途中宮原で追越し、山鹿に18：49到着、折り返し18：50発上り終列車になる忙しさであり、異常とも見えるのは気動車2輌が予備なしでフル回転していることである。

1953(昭和38)年6月26日の大水害でいつもの植木−植木町間はじめ全線被害を受け、山鹿−植木町が7月

1日に、植木町−植木間は漸く11月1日復旧して乗り入れが再開された。

1955(昭和30)年春路線バス改造のレールバスが完成、4月1日改正で14往復内レールバス5往復(時刻表より推定)で混合列車は無くなり、客貨分離がなされた。レールバスは同時に出来た7箇所の専用停留所に停車するが、所要時間は表6のように気動車(レールバスを除く／以下同)とほとんど同じである。しかし同年8月改正では、気動車7、レールバス4往復に所要上り76分下り68分の混合列車が1往復復活している。同年5月3日午後、来民駅の山鹿方踏切で上りの気動車がトラックとの衝突脱線転覆事故が発生、負傷者13名4日未明復旧との記述が鹿鉄50年史にある。1956(昭和31)年3月のダイヤでは13往復すべて気動車、レールバスとなり、別に1往復の貨物列車が運転された。

1957(昭和32)年7月26日の水害で再び全線不通になり、通学生や沿線住民も復旧作業に加わり8月27日山本橋−山鹿間が開通(図23)、続いて9月初に植木町−山本橋間が復旧したが、残る植木−植木町間は被害が大きく同社の貸切バスを使ったバス連絡となり、国鉄連帯運輸は一時停止になった。山鹿−植木町間は気動車が11〜13往復、植木と連絡バス(所要15分)は8〜11往復が運行された。このバス乗り継ぎ輸送は1960(昭和35)年12月1日営業休止まで続いた。なお、1958(昭和33)年2月改正の時刻表からは植木町−熊本駅前の代行バス5往復が加わっており、1959(昭和34)年4月では消えているが、一時は熊本まで代行バスが走っていたことがわかる。しかし都心を通る経路ではなかったようである(注14)。

注11　和久田康雄「山鹿温泉鉄道」鉄道ピクトリアル253号
注12　白土貞夫「茨城交通湊線・茨城線」鉄道ピクトリアル173号
注13　質問に答える「私鉄車両の国鉄乗入れ」鉄道ピクトリアル104号
注14　『鹿鉄50年史』48頁所収　熊本日日新聞33.2.17　読者の広場「熊本線バスは京町で右折して走る。要望は都心部、せめて市役所前まで行くことである」

4号機の牽く下り貨物列車。植木−植木町間の運休まで、貨物列車は午前上り、午後下りの1往復だった。
1957.3.16　植木町−一つ木
P：松本昌太郎

菊池川を渡るA形（1または2号機）の牽く列車。『分田尋常小学校昭和3年卒業記念アルバム』より　　　　所蔵：長島利輔

40余年の車輌の歴史を振り返ると、大正時代機関車4、客車5、貨車5輌を新造で揃え、蒸気鉄道でスタートした。客車の内4輌が2・3等合造車だった時期があり利用も順調であった。昭和初期は不況と競合乗合自動車による乗客減に対し、1928（昭和3）年ガソリンカーを導入し増発を行った。しかし集客は思うにまかせず、旅客は自社のバスで、鉄道は貨物主体に転換し1935（昭和10）年には車輌の大整理が行われた。戦争激化で旅客が増え中古客車や蒸気動車を譲受け対応。大戦終了後は借入機関車や貨車の客車代用で押し寄せる客をさばいた。復興が進むと復活台頭してきたバスに対抗するため、直通乗り入れ用気動車や頻繁運転用にバス改造レールバスを登場させた。常に保有車輌が少なめであり、機関車の緊急借入が何度か行われた。1960（昭和35）年12月の運休から1965（昭和40）年廃止まで保管された車輌は99頁の表10の通りだが、廃止後債務の一部の支払に当てるためすべて処分された。

## 機関車

### ■形式A　1・2

大日本軌道鉄工部1917（大正6）年5月製15トンCタンク機で、12月開業に先立ち9月より工事列車に使用された記録がある。同社製のCタンクは近隣の熊延鉄道（15トン）でも見られ、線路規格の低い鉄道に共通の機材といえる。鮮明な写真を見出し得なかったのは残念である。1933（昭和8）年の列車削減で不要になり、1934（昭和9）年図24のように売りに出された。1935（昭

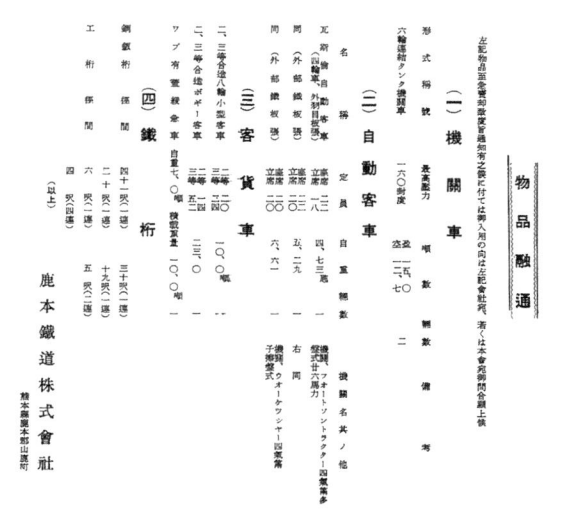

図24　鉄道軌道経営資料昭和9年9月号の物品融通欄に掲載された車輌売却の告知　　　　所蔵：鉄道博物館

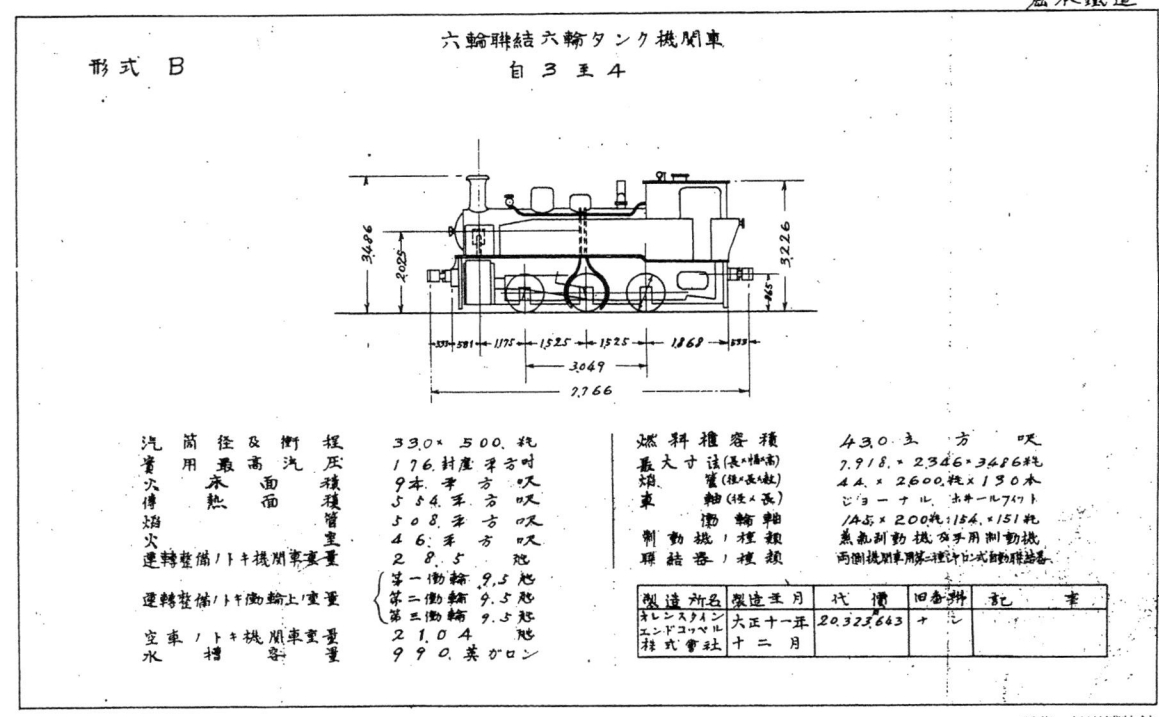

形式 B

六輪聯結六輪タンク機關車
自 3 至 4

| 汽 筒 径 及 衝 程 | 33.0 × 500. 粍 | 燃 料 槽 容 積 | 430 立 方 呎 |
|---|---|---|---|
| 常 用 最 高 汽 圧 | 176. 封度 平方吋 | 最 大 寸 法 (長×幅×高) | 7,918. × 2,346 × 3,486 粍 |
| 火 床 面 積 | 9 本 平 方 呎 | 煙 管 (径×枚数) | 44. × 2,600 粍 × 130 本 |
| 傳 熱 面 積 管 | 554. 平 方 呎 | 車 軸 (径×長) | ジョーナル、ホヰール7吋7 |
| 火 焔 〃 | 508. 平 方 呎 | 動 輪 軸 | 145. × 200粍 151. × 151粍 |
| 運轉整備ノトキ機關車重量 | 46 平 方 呎 | 制 動 機 ノ 種 類 | 蒸気制動機 及手用制動機 |
| 運轉整備ノトキ機關車重量 | 28.5 瓲 | 聯 結 器 ノ 種 類 | 両側機關車第二種ナ山形式自動聯結器 |
| 運轉整備ノトキ動輪上重量 | 第一動輪 9.5 瓲 第二動輪 9.5 瓲 第三動輪 9.5 瓲 | | |
| 空車ノトキ機關車重量 | 21.04 瓲 | | |
| 水 槽 容 量 | 990. 英ガロン | | |

| 製造所名 | 製造年月 | 代 償 | 旧番號 | 記 事 |
|---|---|---|---|---|
| オレンスタイン エンドコッペル 株式會社 | 大正十一年 十二月 | 20,323,663 | ナ ン | |

図25 3・4車輛竣功図　　　　　　　　　　　　　　所蔵：鉄道博物館

和10)年12月31日付讓渡届、理由〝列車回数減少し不要に付き売却したるに依る〟で東京市本所区緑町2丁目4番地睦屋商店に売却された。睦屋は仲介業者のようで、のち日本鋼管川崎製鉄所103・104になった(注11)。

### ■形式B 3・4

1922(大正11)年12月独コッペル製の28トンCタンク機。1923(大正12)年12月の山鹿開業に対応するが、設計認可は7月3日、竣功届10月9日と開通前に入っている。終始主力機として活躍したが、3号機は1956(昭和31)年夏訪問した時はボイラー、台枠、側水槽がバラバラに置かれていた。この3号はディーゼル機関車へ

の改造が検討されたが(注11)、実現せぬまま、4号機は予備なしで1957(昭和32)年まで貨物列車に使用された。50年史74頁によれば〔蒸気機関車の埋火、保火省略と燃料節約の目的で、重油併燃装置を試作したが、チューブプレートのいたみがひどく、所期の効果をあげ得なかった〕とあり、下の写真のボイラー上の角タンクがそれに該当すると思われる。

### ■1・2(2代目)

戦後の機関車不足を補うべく集められた2輌で、未認可のまま使用されていたらしい。32回昭和22年度報告に、機関車2輌購入未認可、とある。そして1951(昭

1956年頃には3号機の台枠、動輪、ボイラは分離されていた。
1956.12.23　山鹿　P：奈良崎博保

蒸気溜と砂箱の間に重油タンクを載せた4号。
1954.12　平島温泉　P：田上省三

国鉄からの直通貨車を従え、植木で発車を待つ３号。この機関車の汽笛は原形のままで砂箱の後ろにあった。　　　　　　　1952年　植木　P：小澤年満

和26)年２月19日付で認可申請取下げを申し出ている。
　〝昭和22年８月30日付機関車設計認可(第１号２号共呉海軍施設部使用のもの)出願中でしたが下記理由により取下げ方お願いします。
１、現在混合列車を蒸気機関車で運転しているが、貨物の輸送数量が少ない為現在の混合７往復を３往復とし其他はディーゼル動車で旅客列車を運転する。
２、機関車運用
現在／混合列車７往復　機関車使用２　予備１
　　　　保有２、出願中２、国鉄借入れ１　計５
改正／同３往復　機関車使用１　予備１　保有２〟
　この認可申請では、１号17トンＢタンク(注11)について〝１号機の先輪を直径610ミリ以上に設計変更されたい〟との照会が残っている。２号26トンＣタンクは1942(昭和17)年松井車輌製で、1952(昭和27)年川崎製鉄に転じた(注11)。しかしこの機関車は日立の初期の製品との発表がある(注15)。
　上記文書の２項、機関車運用に国鉄借入れ１とあるが、36回昭和25年度報告の車輌では、６輪連結６輪タ

ンク２、６輪連結前後輪付タンク１とあり、車輌費の機関車代に775千円の決算で機関車3411号払下代がある。1950(昭和25)～51年ごろ借入か購入か、一時的にせよ熊延鉄道と同じ様に3400形１Ｃ１タンクがいた事を表わしている。

### ■茨城３
　大戦中の1944(昭和19)年から戦後の1948(昭和23)年まで借用していた26トンＣタンクである(注12)。

# 気動車

### ■ジ１・３
　大正末年から顕著になった乗合自動車の脅威に対抗すべく導入した、片側にボンネットが突き出した単端式(片運転台)ガソリンカーである。特徴として車体後部に66頁の図11のように客室と仕切られた郵便(袋)室を設けていた。キハユである。ジ１は認可1928(昭和３)年２月10日竣功届３月24日、ジ３は同７月23日認可竣

## 表7　蒸気機関車諸元
形式Ａ・Ｂは認可申請時の設計書による

| 形　式 | 番　号 | 最大寸法 長さ×巾×高さ | 運転重量 | 実用最高圧力 | 気筒 径×衝程 | 動輪径 | 固定軸距 | 製造 |
|---|---|---|---|---|---|---|---|---|
| A | 1・2 | 21'1″×7'4″1/2×11'3″1/2 | 15t | 160lb/in² | 10″×16″ | 30' | 6'6″ | 1917-5大日本軌道 |
| B | 3・4 | 25'7″3/4×7'8″1/3×11'5″1/4 | 28.1 | 176lb/in² | 13″×19″11/16 | 3'3″3/8 | 10'1/16″ | 1922-12独コッペル |
| ※茨城鉄道借入3 | | 7,400×2,607×3,334mm | 26t | 12kg/cm² | 330×450mm | 900mm | 2200mm | 1924独コッペル |

※白土貞夫「茨城交通」鉄道ピクトリアル173号、借入期間1944年12月～1948年10月

89

功届 8 月 7 日である。この 2 輌は足まわりは同じで車体もほとんど同じである。

## ■ジ2

梅鉢鉄工製の床下エンジン両運転台車で、1928(昭和 3 )年 4 月 18 日認可を受けている。なぜ同時期にまるで構造の違う 2 種の気動車を購入したのか、よく判らない。変速・逆転機がユニークで、普通は保線巡回車や産業用の小型機関車位にしか見られない、φ500 の摩擦盤に φ570 の摩擦車を押付けながら摩擦盤の内周から外周にかけ摩擦車の位置を変え伝導比を変える簡易なメカ(フリクションドライブ)であるが、実用に耐えなかったようで、同年 10 月 1 日代理人梅鉢鉄工の杉本喜一郎より〝本客車は当初購入に当リ製造者との打合せ不充分なりし為当初の 25 馬力エンジンにては当社線路の曲線及び勾配に対し所有の速度を出すを得ずよって今回 35 馬力エンジンと取替える次第〟と申請、どうも欠陥車だと思うが買う方にも落ち度が有るような表現である。ともかく表 8 の様にエンジンと普通のクラッチ、歯車変速機に交換し、12 月 31 日竣功届を出している。

さらに 1932(昭和 7 )年 6 月 24 日付で運転室をパイプ仕切リから半室ボックス、エンジン支持を〝現在一端は車軸固定、一端は車体台框より懸架式を両端共軸固定に改造〟変速装置〝現在のもの自動車等用故、故障多く実用に不足〟と手直し、再交換を申請している。

試行錯誤の時期の買い物であったと思う。

以上 3 輌の活躍の期間は短く、図24に載っているように、1935(昭和10)年 4 月 22 日付理由〝最近自動車激増のため乗客減少したるに付営業方針を貨物本位に革新し旅客列車運転の回数を減じたるに因リ不用の為売却〟の譲渡届で佐賀電気軌道に売却したが、実際はジ 2 のみ再起した(注16)。そして動力変更(ガソリン動力廃止)認可を申請、同年 5 月 22 日決裁された。

## ■キハニ2

元小倉鉄道の蒸気動車。1912(明治45)年製の老兵だが、まず1942(昭和17)年 2 月 2 日付他鉄道車輌運転認可申請で期間1942年 2 月15日～ 4 月 5 日で借入を申請。理由は〝現在所属機関車は 2 輌之を交互に使用 1 機を毎日混合 4 往復に使用、ところが最近沿線貨物の増加著しく就中軍用麦、木材並びに政府米の指定輸送に繁忙を極めている。然るに 3 号機の気缶内部故障の為牽引力減殺するを以て小倉工場に入場を仰ぎ度いが入場期間中 1 機では万一の場合不足であり小倉鉄道の蒸気動車を借入予備とする。同会社に窮状を訴え懇請したるところ幸い承諾を得たるに依る〟と車輌逼迫の中まさに予備機関車を必要とする状況が述べられている。 3 月 2 日決裁を得たが更に11月16日までの再延長を申請、 5 月 4 日決裁された。その内先方の了解が得られたのか 9 月 10 日付で譲受を申請、11月16日決裁を得た。

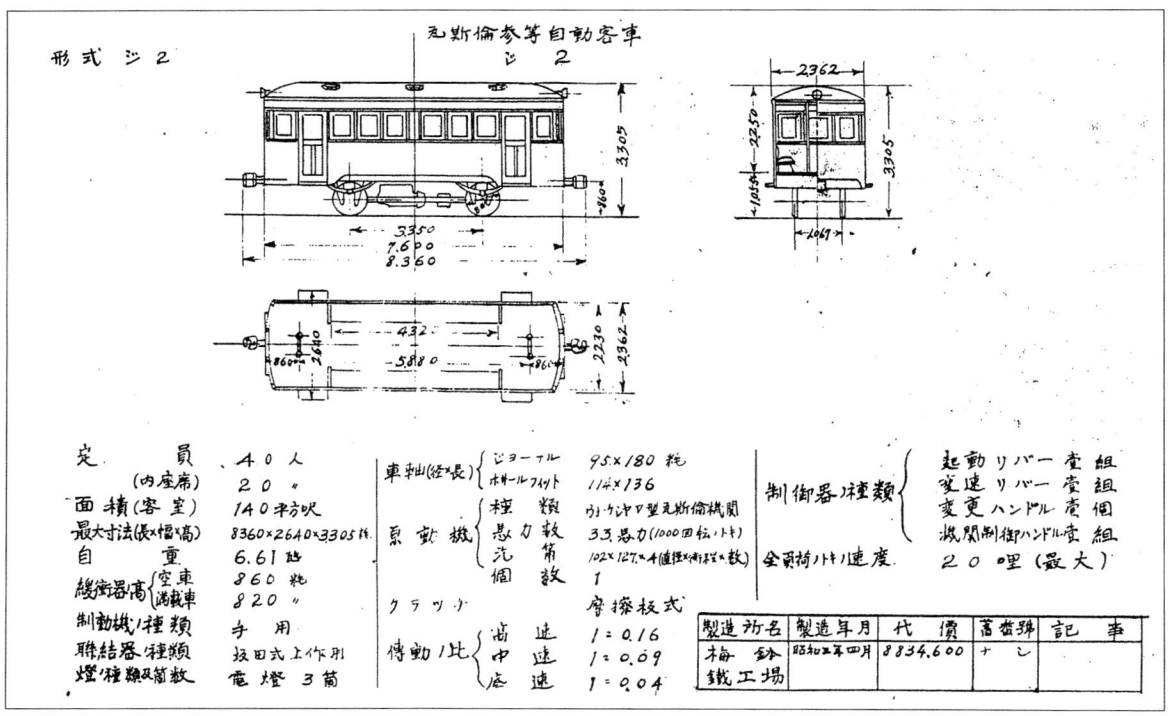

図26　ジ 2 車輌竣功図（エンジン・ミッション換装後）　　　　　　　　　　　　　　　　　所蔵：鉄道博物館

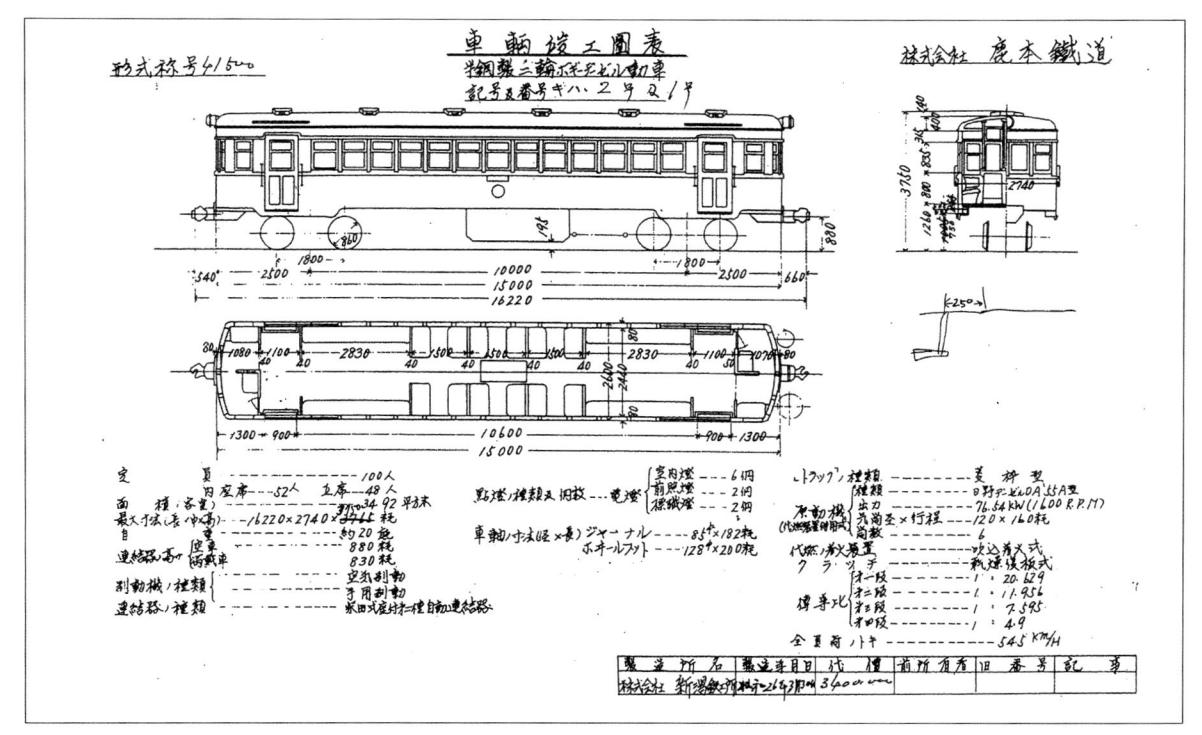

図27　キハ1・2車輌竣功図（断面図に2段ステップの書込みあり。平面図右端、連結器上下の○は上が発生ガスクリーナ、下がガス発生炉を表わす）

所蔵：鉄道博物館

　運行で述べた様に混合列車に混じり活躍したが、その期間は長くは無かった様で休車状態となり、1951（昭和26）年2月20日付で〝当社所有キハニ2号は機関部損傷車体老朽其他出力不足等により使用方不能につき廃止致したし〟とボロボロになって車輌廃止届を提出、同じ身の上の熊延キハニ3と相前後して姿を消した。

## ■キハ1・2

　1950（昭和25）年、国鉄熊本駅まで乗り入れ可能なディーゼルカーが新造された。国鉄キハ41500と似て非なる車体で、車体長が500ミリ短い15m、扉間の窓幅が国鉄の580ミリに対し700ミリと広く、窓数16ケが13ケに減じ、窓と半ピッチずれた6ボックスのクロスシートは国鉄の1260ミリ長に対しなんと1500ミリとゆっくりしていた。もう一つ目を引くのは2段ステップのため扉部の裾下がり大きい事である。

　1950（昭和25）年7月29日付設計認可申請では国鉄と同じレール面高さ1005ミリの1段ステップでホーム高

鹿児島本線を植木に向かう乗り入れのキハ2。一見、キハ41500と同型のようだが、2段ステップ、車体長、窓巾とクロスシートのピッチなどが異なる独自の設計によるものであった。　1956.8.15　西里－植木
P：松本昌太郎

さ760ミリに対応していたが、照会を受け10月25日回答で自線内ホーム高さ457ミリ（図17を参照）に合せ1段ステップを増し、レール面より750ミリになっている。足回りの台車は国鉄TR26と同じだが、変速機、逆転機の歯車比はキハ41500とやや異なる（注17）。同時期の熊延鉄道ヂハ100形同様代燃装置付で申請され、その装着のため片側の連結器は120ミリ突出している。12月から乗り入れを開始しているが、設計認可は翌1951（昭和26）年3月7日決裁、竣功届は10月17日で、何故この様に遅れたか判らない。

　この2輛は運用の項で述べたように予備なしのフル回転だったが、恐らくこれを支えたのはディーゼル予備機関2、同逆転機1、同予備車軸5といった交換部品だったと思う（注18）。1957（昭和32）年9月植木町—山鹿間部分復旧後は専らこの2輛が使われ、1960（昭和35）年12月運休後も他の車輌と異なり屋根のある車庫に保管されていたが、1965（昭和40）年2月債務返済の資金を得る為か、メーカーの新潟鉄工所に向け搬出された。

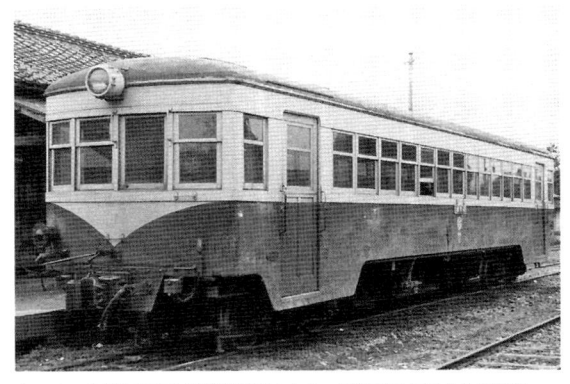

キハ1のみ後年前面を腹掛け塗装とした。連結器は座付き並型自連。
1959.3.14　山鹿　P：湯口　徹

キハ2車内。背ずりの低いクロスシートが並んでいる。
1962.10.6　山鹿　P：中村弘之

休車後で荒れたキハ101車内。先頭部に向けて車体を絞った形状が分かる。
1962.10.28　山鹿　P：奈良崎博保

### ■キハ3（仮）

　申請書では番号が見当たらないので仮に3号と呼ぶ。キハ1・2の2輛で乗り入れ4往復は綱渡りの運用であり、余裕を持つためと貨車の牽引もある程度念頭に160馬力の大型気動車の増備が1953（昭和28）年12月28日申請、翌1954年3月31日決裁となっている。メーカーである富士車輛との代金支払の覚書は1953年9月29日に取り交わされている。しかし何度も触れた同年6月の水害に伴う復旧費用の調達や人員整理の出費で身動きがとれず、キャンセルされ、幻のディーゼルカーとなった。

### ■キハ101

　前述の大型気動車に代わって具体化した。バスのタイヤを鉄車輪に替えレールの上を走らせようとするアイデアで、工事予算100万円は新造大型車の見積もり価格1000万円強に比べ極めて安い。

　例によって当時の事情が判る1954（昭和29）年12月20日付認可申請から理由をみると〝当社に於てかねて車輌増強による運転間隔の短縮によりバスに吸収されつつある旅客の復元増進を企画しておりましたが、今年当初よりGMC旅客自動車の強力なる車体、エンジンを活用し之に改造を加え鉄道の軽車輌として使用すべく国鉄西鹿児島工場のご支援の下に試作中のところ今回試作改良に自信を得られましたので之を鉄道車輌として当社線に運転使用致したく車輌設計認可に及んだ次第です。当社の如き短区間の地方鉄道に於ては高価な大型ジーゼルカーを増車する事は現況に於て不可能であり軽便低廉な軽車輌によって旅客へのサービス並びに増収をはかり度いと〜（後略）〟と大型車解約のころからの検討と判る。

　翌1955年1月20日付陸運局の進達も〝右について山鹿温泉鉄道（中略）から申請があったので調査したところ

満員の上りキハ101が快走。車体中央下が転回用のジャッキ、そして後部が補助輪である。　　　　1957.3.6　一つ木一今古閑　P：松本昌太郎

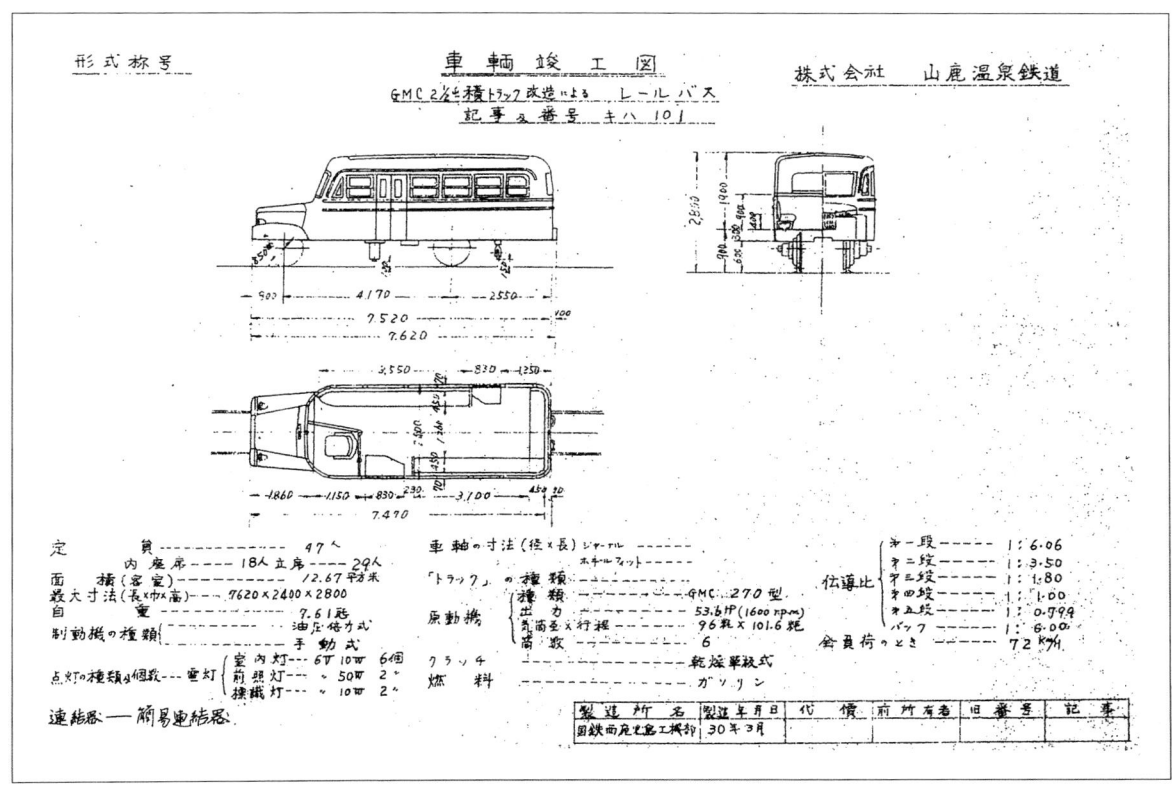

図28　キハ101車輛竣功図（実車の窓は1段下降式）　　　　　　　　　　　　　　　　　　　　　　　所蔵：鉄道博物館

～（中略）～本件は画期的な計画でもあるので設計については慎重を期し日本国有鉄道西鹿児島工場長の協力もあるから認可方詮議お願いし度"と国鉄のバックアップぶりが偲ばれる。当時の山鹿の今村取締役技術部長は門鉄OBである。

工事が進む中1955（昭和30）年1月26日付で転向装置（予算10万円）取付けの追加申請が行われた。即ち

・油圧式ジャッキ能力15トン、ストローク200ミリ1基

社紋も光っている登場時のキハ102。
1955.10頃　山鹿　所蔵：網田正之（提供：堀田三直）

キハ102の車内。中央がエンジンカバーだが、休車後のためすでに機関本体は失われている。　　1962.10.28　山鹿　P：奈良崎博保

を車体重心付近に付ける。

・油圧昇降式補助車輪を車体後部両側に取付け転向時に降下せしめ転向路を回転し車体の安定を計る。

・軌道中心に木製受台を設け転向時にベアリング受金具を装備してジャッキ受とする。

・転向路半径3150巾50ミリのコンクリート及び敷板構造とし主要駅に各一ヶ所設置する。

車体はバスそのまま、運転台は左に寄っている。車内高さ1820ミリは鉄道車輌としては窮屈であった。

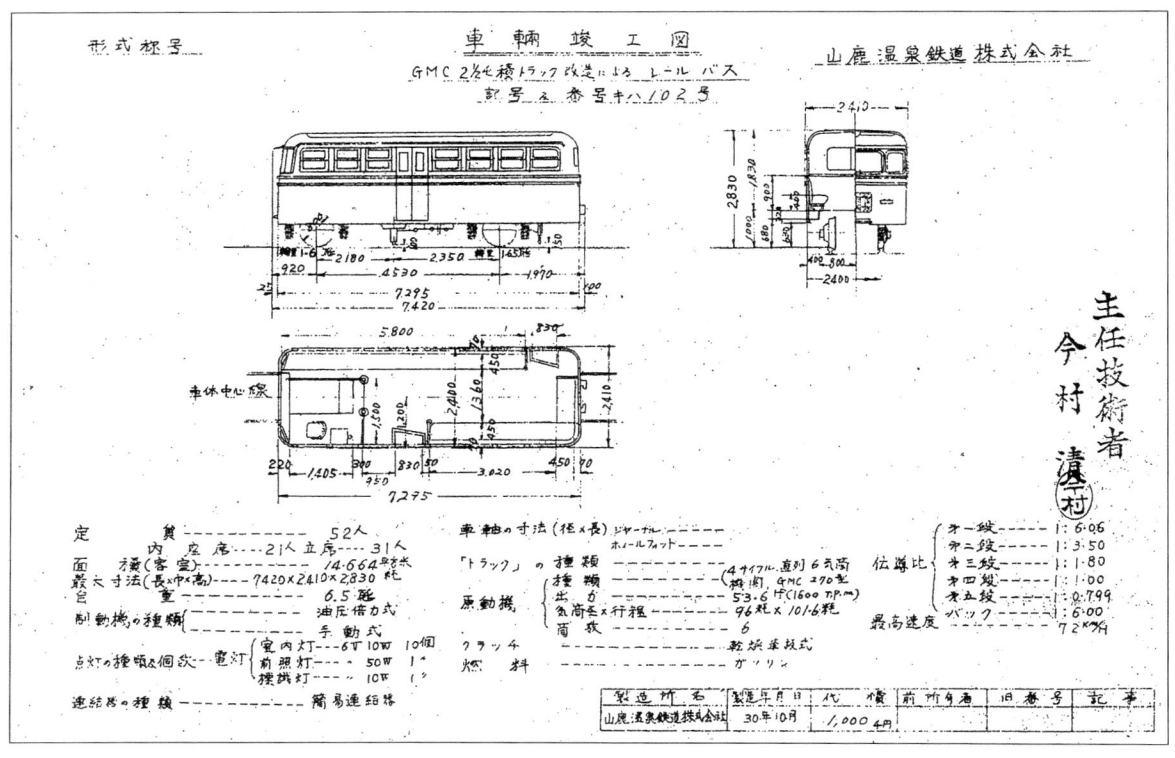

図29　キハ102車輌竣功図　サスペンションにコイルバネを追加している。

所蔵：鉄道博物館

転向中のキハ102。中央のジャッキと後部の補助輪の動きがわかる。
1955年頃　山鹿　P：中西健太　(提供：山鹿市立博物館)

山鹿のレールバス転向路。補助輪の走行路は転向に必要な半周分のみのようだ。
1962.10.6　P：中村弘之

## ■キハ102

　1955(昭和30)年6月21日付認可申請の理由は〝輸送力増強と予備車充当のため〟と2輌目であり、あっさりしている。同年9月2日認可のこの車は、エンジンカバーが車内に張り出したキャブオーバー型となり、定員が5名増え52名になった。

　道路を走るバスを改造したこのレールバスはユニークな乗り物として、趣味誌ばかりでなく週刊誌でも紹介された(注19)。しかしこれら2輌の活躍の期間は短く1957(昭和32)年7月の水害以後休車となり、山鹿駅の構内に1965(昭和40)年廃止まで存在した。

# 客車

## ■ハ1・2、ロハ1

　1917(大正6)年植木ー肥後豊田開業時に用意された車体長10m菱型台車をはいた小型ボギー車である。ロハ1は車内中央に2・3等の仕切リがあった。開業時2等客の需要が多かったとして、ハ2を1918(大正7)年8月12日達済でロハ2に改造が認められ、車室の1/3を2等(定員10名)とした。1925(大正14)年3月16日認可で再びハ2に戻ったが、車内は座席をクロスシートにして定員も48に減じた。ハ3となったロハ1は1935

## 表8　気動車諸元

認可申請時の設計書及び竣功図による

| 形　式 | ジ1 | ジ2 | | ジ1 | キハ41500 | | | キハニ1 |
|---|---|---|---|---|---|---|---|---|
| 番　号 | ジ1 | ジ2 | ジ2 | ジ3 | キハ1・2 | キハ101 | キハ102 | 2 |
| 車体構造 | 木造 | 木造鋼板貼り | | 木造鋼板貼り | 半鋼 | 半鋼 | 半鋼 | 木造 |
| 最大寸法ミリ長さ | 31'1/4" | 8360 | | 28'6"1/4 | 16220 | 7620 | 7420 | 15188 |
| 幅 | 8'4" | 2640 | | 8'7"3/4 | 2740 | 2400 | 2410 | 3772 |
| 高さ | 10'7"1/4" | 3305 | | 6'11"3/4 | 3750 | 2800 | 2830 | 2616 |
| 車体内寸法ミリ長さ | 客室16'1/4" | 客室5880 | | 客室16'1/4" | 14840 | 5800 | 7000 | |
| 幅 | 6'4"1/2 | 2230 | | 6'8"1/2 | 2440 | 2160 | 2240 | |
| 高さ | 6'11"3/4 | 2185 | | 6'11"3/4 | 2290 | 1820 | 1800 | |
| 自重　トン | 4.65 | 6.5 | | 5.2 | 20 | 7.61 | 6.5 | 22.85 |
| 定員(座席)名 | 40(22) | 20(20) | | 42(22) | 100(52) | 47(18) | 52(21) | 70(44) |
| 車体支持方式 | 単車 | 単車 | | 単車 | ボギー | 単車 | 単車 | ボギー |
| 固定軸距　ミリ | 13' | 3350 | | 13' | ボギー間10000 | 4170 | 4530 | ボギー間10058 |
| 台車軸距　ミリ | | | | | 1800 | | | 1676 |
| 機関方式 | 4サイクルガソリン | 4サイクルガソリン | 4サイクルガソリン | 4サイクルガソリン | 4サイクルデイーゼル | 4サイクルガソリン | 4サイクルガソリン | 飽和蒸気 |
| 〃 形式 | フオードソントラクタ | WTU | V | フオードソントラクタ | DA55A | GMC270 | GMC270 | 常用気圧11.3kg/cm² |
| 〃 メーカー | 米　Ford | 米　Buda | 米Waukesha | 米　Ford | 日野 | 米GM | 米GM | |
| 出力/回転数 | ※26hp/1300rpm | ※30hp/1400rpm | 33hp/1000rpm | 26hp/1300rpm | 104hp/1600rpm | 53.6hp/1600rpm | 53.6hp/1600rpm | |
| ボア×ストローク ミリ | 4"×5" | 3"3/4×5"1/8 | 4"×5" | 4"×5" | 120×160 | 96×101.6 | 96×101.6 | 178×205 |
| 気筒数 | 4 | 4 | 4 | 4 | 6 | 6 | 6 | 2 |
| 変速機歯車比1速 | 前進3段後退1段 | 摩擦盤式 | 機関対車軸 | 前進3段後退1段 | 4.21 | 6.06 | 6.06 | 火床面積0.41m² |
| 2速 | | 伝導比：機関対 | 低速1：0.04 | | 2.44 | 3.5 | 3.5 | 伝熱面積20.07m² |
| 3速 | | 車軸、高速5.8:1～ | 中速1：0.09 | | 1.55 | 1.8 | 1.8 | (焰管)16.94m² |
| 4速 | | 低速28.6:1 | 高速1：0.16 | | 1.00 | 1.00、5速0.799 | 1.00、5速0.799 | (火室)　3.13m² |
| 逆転機歯車比 | | | | | 4.9 | 6.6 | 6.6 | |
| 制動装置 | 手 | 手 | | 手 | 手・空気GP | 手・油圧 | 手・油圧 | 手・蒸気 |
| 製造年 | 1928 | 1928 | | 1928 | 1950 | 1955 | 1955 | 1912 |
| 製造所 | 丸山車輌 | 梅鉢鉄工場 | | 丸山車輌 | 新潟鉄工所 | 国鉄西鹿児島工場 | 自社工場 | 汽車会社 |
| 備考 ※最高出力 | 郵便室、L2'9"×W6'5"×H6'3" | | | 昭3-10エンジン変速機交換 | 郵便室、L3'1/2"×W6'8"1/2×H6'3" | 大阪市GMCバス改造 | 大阪市GMCバス改造 | 蒸気動車 小倉鉄道キハニ2 |

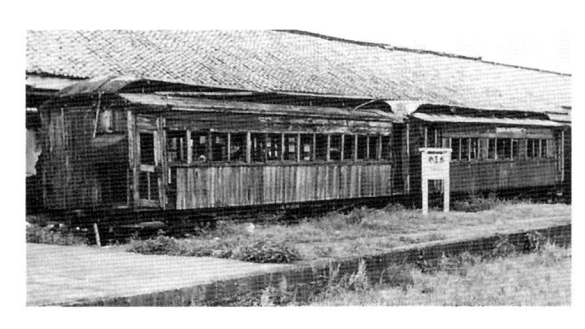

ハ3の車体。1951年の廃車後は倉庫になっていた。
　　　　　　1956.8.10　山鹿　P：髙井薫平

南薩ホユニ66。鹿本ホハ1の後身。車体は改造されているが引き扉など
岡部の特徴は残る。　　1963.3.22　南薩鉄道伊集院　P：阿部一紀

（昭和10）年の車輌整理で熊延鉄道に売却、ハ1・2は
1955（昭和30）年客貨分離まで混合列車に使用された。

## ■ホロハ1・2

　1923（大正12）年山鹿開業に当り翌1924年2月15日申
請、2月22日達済で、この2・3等合造車と有蓋緩急
車3輌の購入が認められた。なお、1924年までに入手
した客車、貨車はすべて福岡市外吉塚駅前岡部鉄工所
の製造である。車体は16m級となり車室1/3を2等室と
した。1935（昭和10）年5月25日設計変更届で、ホハ1・
2となり3等定員70名としたが、翌1936年4月28日譲

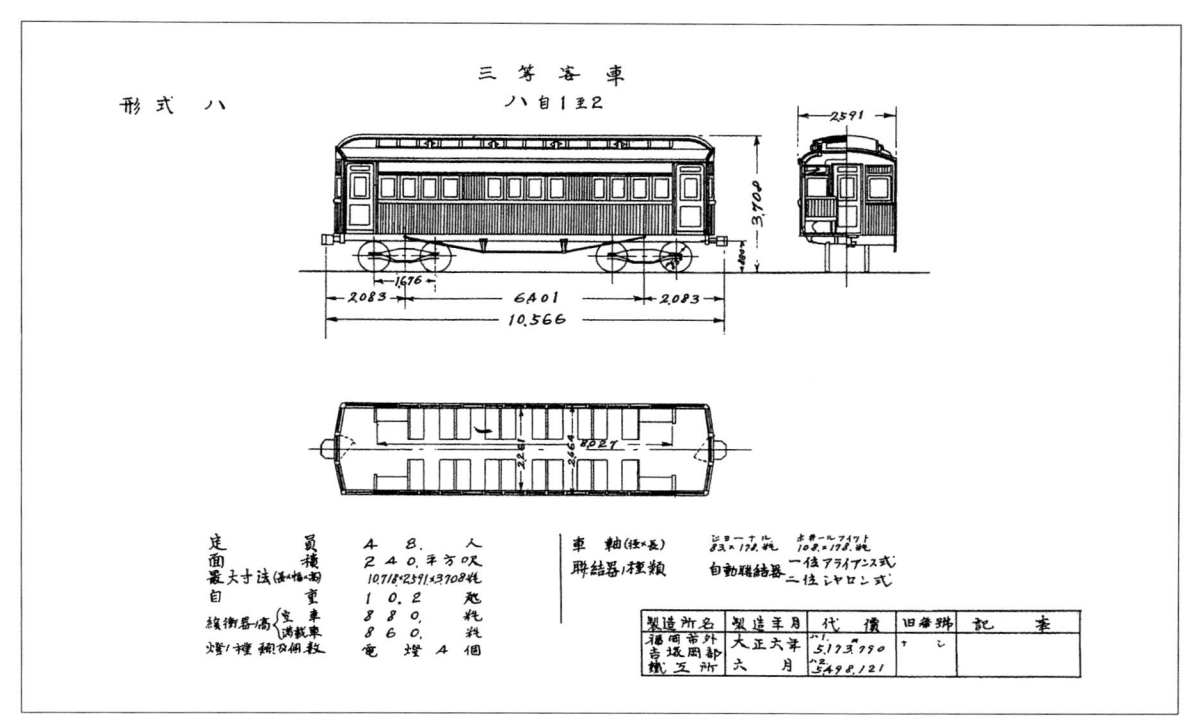

図30　ハ1・2車輌竣功図（出入口は原形の引き扉のまま）　　　　　　　　　　　　所蔵：鉄道博物館

## 表9　客貨車諸元

新造時工事方法書及び購入時車両認可申請データによる

| | | 客車 | | | | 貨車 | | | | | |
|---|---|---|---|---|---|---|---|---|---|---|---|
| | | ハ1・2 | ロハ1 | ホロハ1・2 | ハ3・4 | ワフ1・2 | ワ3・4・5 | ワフ3・4・5 | ワ26 | ワ27 | ト1・2 |
| 最大寸法 | 長さ | 35′5″ | 55′7″ | 55′7″ | 6,853 | 21′2″ | ← | 24′11″ | 6,478 | 6,339 | 6,319 |
| | 巾 | 8′8″ | ← | 8′10″1/2 | 2,616 | 7′4″ | ← | 8′6″ | 2,603 | 2,438 | 2,337 |
| | 高さ | 12′2″ | | 12′4″5/8 | 3,353 | 10′6″ | ← | 10′11″ | 3,499 | 3,499 | 1,702 |
| 車内寸法 | 長さ | 26′4″ | 2等3等各 12′11″3/8 | 2等14′9″1/2 3等32′5″1/2 | | 荷室14′11″ 1/2 | 17′11″ | 車掌室4′2″1/4 荷室17′1/4″ | | | |
| | 巾 | 7′5″ | ← | 7′10″ | | 6′6″ | ← | 7′1″1/2 | | | |
| | 高さ | 8′4″3/4 | ← | 8′2″15/16 | | 7′ | ← | 6′4″7/8 | | | |
| 自重 | | 10トン | ← | 23トン | 7.16トン | 5トン | 4トン | 7トン | 7.5トン | 7.7トン | 6.15トン |
| 定員（座）/荷重 | | 70(30) | 3等35(20)、2等20 | 2等14,3等52 | 40 | 荷重6トン | 荷重7トン | 荷重10トン | 荷重10トン | 荷重10トン | 荷重10トン |
| 製造 | | 1917年岡部鉄工所 | ← | 1901年7月 飯田町工場 | | 1917年岡部鉄工所 | | 1923年 岡部鉄工所 | 1948年6月払下 旧番ワ17847 | 1948年6月払下 旧番ワ2954 | 1948年6月払下 旧番ト530,1686 |

渡届で南薩鉄道に売却された。南薩ではホユニ66・67として一生を終えた。

### ■ハ3・4

　乗客の再増で車輌不足となった1939（昭和14）年12月申請、翌1940年5月9日決裁で駄知鉄道形式ハ2番号3・4を7千円で購入した。全長7ｍ足らずで、元は区分室型4輪客車である。1942（昭和17）年12月23日付で手用制動機取付を申請、1944（昭和19）年4月27日認可を得ている。理由は〝制動機なく列車組成上且つ中間停車場に解放の場合不便西鹿児島工機部へ委託改造〟とあり、ハ1・2と同様の手ブレーキが装備された。キハ1・2気動車運転の開始で混合列車が減少すると、早速1951（昭和26）年9月1日付で廃車届が出された。

## 貨車

　新造車8輌、戦後国鉄払下4輌の12輌とも積重10トン以下の小型車である。すべて自社線内限定車で、近隣の熊延鉄道や熊本電鉄と同じ様に直通車は持たず、直通貨物は国鉄貨車で運んだ。

### ■ワフ1・2

　1917（大正6）年第一期開業で用意された。1928（昭和3）年貨車標記替でワブ11・12と改番、更に1936（昭和6）年2月23日認可〝有蓋緩急車は自動客車使用に伴い5輌の必要なく併せて有蓋貨車少なき為貨物の輸送に不便を感ずるに付〜〟と車掌室撤去荷重7トンのワ24・25に改造され1965（昭和40）年まで在籍した。

1917年開業時からの貨車ワ25・22。
1957年の水害による運休後も植木
駅構内に取り残されていた。
1964.1 植木　P：田澤義郎

### ■ワ3・4・5

　ワフ1・2と同時に用意されたが1918（大正7）年12月23日番号変更届でワ1・2・3となり、1928年の標記替でワ21・22・23となった。ワ21・22は1965（昭和40）年まで、ワ23は1955（昭和30）年まで在籍した。

### ■ワフ3・4・5

　山鹿開通時に用意されたが前記ワフ1・2より大型で荷重10トンである。1928（昭和3）年標記替でワブ13・14・15となる。これら1924（大正13）年までに入った機関車、客貨車は1925（大正14）年7月20日自動連結器取付完了として12月26日竣功届が出されている。ワブ15は客車ハ3（ロハ1）と同時に熊延鉄道に売却された。ワブ13・14は1938（昭和13）年12月25日変更届、1940（昭和15）年11月12日決裁で車内に郵便保管箱を設置、荷7トン郵0.4トンになった。恐らく郵便室付ジ1・3の廃止に対応すると思うが、これより前の昭和

10年度報告書では〈当局の要望止むを得ず従来の汽車利用郵便物取扱を自動車専用に変更の為当該専属自動車を設備せリ〉とあり、昭和15年度報告書まで保有自動車欄に郵便車が載っている。推測だがしばらく併用して、再び自動車輸送から鉄道にシフトしたのであろう。

### ■ワ26・27

　これと次のト1・2は1948（昭和23）年1月15日譲受認可申請、6月10日決済の運輸省特別払下車で、理由は世情を反映して〝～最近の旅客輻輳に伴い客車4輛にて2個列車編成の為旅客輸送出来ざりしに依り省より貨車ワムを一時借受け客車代用として使用致し居りたるも不便すくなざりしに依り～〟要は客車代用の自前の貨車が欲しかったようである。その用途の故かハ3・4と同時に廃車となった。

### ■ト1・2

　当社初の無蓋車で申請理由は〝無蓋車2輛は弊社所有なく砂利、アッシュ、枕木その他諸材料等の輸送の際都度一時借用願にて借受使用居りたるに不便～〟と線内で無蓋車により扱う貨物は無く、これ以前は社用品を運ぶ時借りていたらしい。余談ながらこの特別払下げは各私鉄になされた様で、熊延鉄道も同日決裁で15輛購入している。

郵便輸送にも使用されたワフ14（休車）。右端の車掌室は締切。
1963.3.22　山鹿　P：阿部一紀

注15　臼井茂信「機関車の系譜図3」423頁　日立製の機関車を松井車輌で整備した
注16　湯口　徹「瓦斯倫自動客車雑記帳（1）」鉄道史料47号55頁
注17　省キハ41500の変速機歯車比は1速5.444、2速3.051、3速1.784　4速1.000、逆転機歯車比3.489。湯口　徹氏ご教示による
注18　46回昭和35年営業報告書
注19　「交通の奇型児」つづき　サンデー毎日昭和32年3月10日

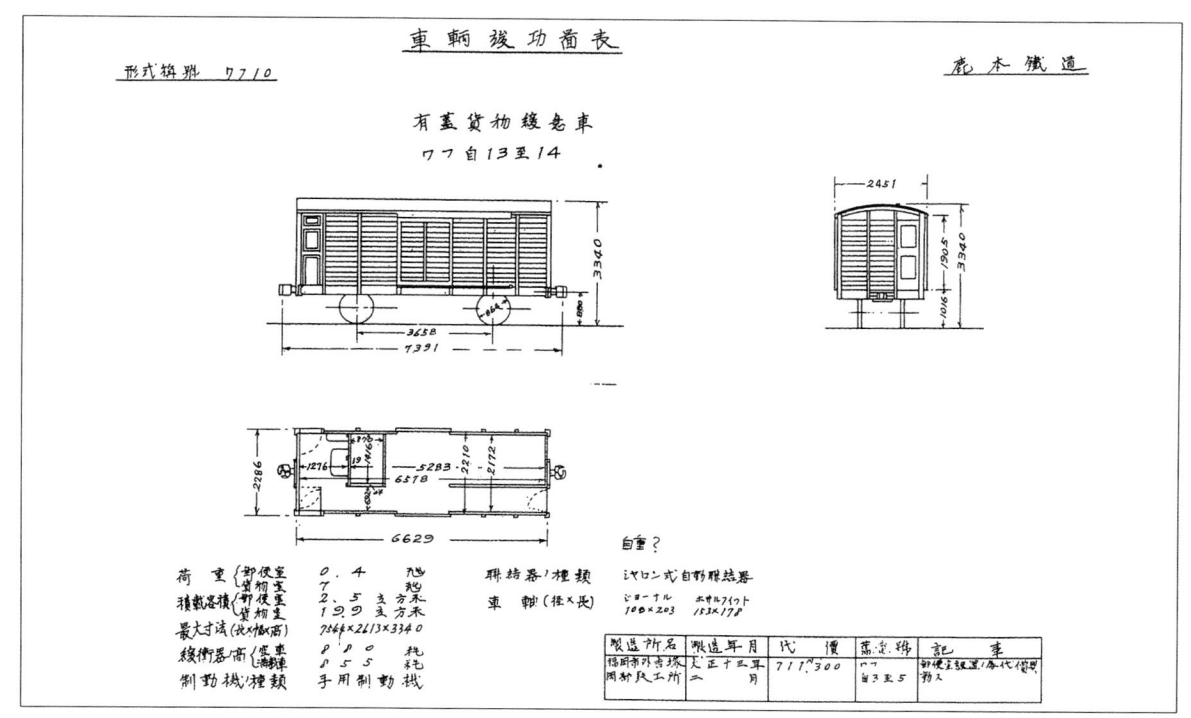

図31　ワフ13・14車輌竣功図（平面図車掌室右の囲みが郵袋室。端面の開き戸は珍しい）　　　　所蔵：鉄道博物館

## 表10　在籍車車歴表

6,15▶ は6月15日認可申請で新造又は購入　　◎5,25は5月25日申請で主な改造又は改番　　×4,22は4月22日届で譲渡又は廃車

| | 1917 | 1918 | 1921 | 1923 | 1924 | 1925 | 1927 | 1928 | 1930 | 1935 | 1936 | 1939 | 1942 | 1947 | 1948 | 1950 | 1951 | 1955 | 1960 運休 休車 | 1965.2.4 鉄道廃止 |
|---|---|---|---|---|---|---|---|---|---|---|---|---|---|---|---|---|---|---|---|---|
| **機関車** | | | | | | | | | | | | | | | | | | | | |
| 形式A1・2 | 6,15▶ | | | | | | | | | ×12,31譲渡陸屋商店 | | | | | | | | | | |
| 形式B3・4 | | | 6,17▶ | | | | | | | | | | | | | | | | ▽11,30 | −2,4× |
| **気動車** | | | | | | | | | | | | | | | | | | | | |
| ジ1 | | | | | | 1,19▶ | | ×4,22譲渡佐賀電気軌道 | | | | | | | | | | | | |
| ジ2 | | | | | 3,10▶ | | ×4,22譲渡佐賀電気軌道 | | | | | | | | | | | | | |
| ジ3 | | | | | | | 6,25▶ | ×4,22譲渡佐賀電気軌道 | | | | | | | | | | | | |
| キハニ2 | | | | | | | | | 小倉鉄道キハニ2借入2,15▶ | | | | | | ×2,20 | | | | | |
| キハ1・2 | | | | | | | | | | | | | | 7,29▶ | | | | | ▽11,30 | −2,4× |
| キハ101 | | | | | | | | | | | | | | | | 1,26▶ | ▽11,30 | | −2,4× | |
| キハ102 | | | | | | | | | | | | | | | | | 6,21▶ | ▽11,30 | −2,4× | |
| **客車** | | | | | | | | | | | | | | | | | | | | |
| ハ1 | 9,15▶ | | | | | | | | | | | | | | | | | | ▽11,30 | −2,4× |
| ハ2 | 9,15▶ | ◎改造ロハ2・8,1 | | 改造ハ2・11,26 | | | | | | | | | | | | | | | ▽11,30 | −2,4× |
| ロハ3 | 9,15▶ | | | | | | | | ×3,26譲渡熊延鉄道 | | | | | | | | | | | |
| ホロハ1・2 | | | | 2,15▶ | | | | 2・3等を3等改造◎5,25 | ×4,22譲渡南薩鉄道 | | | | | | | | | | | |
| ハ3 | | | | | | | | | 駄知鉄道ハ3購入12,13▶ | | | | | | ×9,1 | | | | | |
| ハ4 | | | | | | | | | 駄知鉄道ハ4購入12,13▶ | | | | | | ×9,1 | | | | | |
| **貨車** | | | | | | | | | | | | | | | | | | | | |
| ワフ1 | 9,15▶ | | | | | | 改番ワブ11◎10,11改造ワ24◎12,11 | | | | | | | | | | | | ▽11,30 | −2,4× |
| ワフ2 | 9,15▶ | | | | | | 改番ワブ12◎10,11改造ワ25◎12,11 | | | | | | | | | | | | ▽11,30 | −2,4× |
| ワ3 | 9,15▶ | 改番ワ71◎12,23 | | | | | 改番ワ21◎10,11 | | | | | | | | | | | | ▽11,30 | −2,4× |
| ワ4 | 9,15▶ | 改番ワ72◎12,23 | | | | | 改番ワ22 ◎10,11 | | | | | | | | | | | | ▽11,30 | −2,4× |
| ワ5 | 9,15▶ | 改番ワ73◎12,23 | | | | | 改番ワ23 ◎10,11 | | | | | | | | | | ×11,4 | | | |
| ワフ3 | | | | 2,15▶ | | | 改番ワブ13◎10,11 | | | | | | | | | | | | ▽11,30 | −2,4× |
| ワフ4 | | | | 2,15▶ | | | 改番ワブ14◎10,11 | | | | | | | | | | | | ▽11,30 | −2,4× |
| ワフ5 | | | | 2,15▶ | | | 改番ワブ15◎10,11 | ×3,26譲渡熊延鉄道 | | | | | | | | | | | | |
| ワ26 | | | | | | | | | | | 国鉄ワ17847払下げ▶1,23 | | | | | ×9,1 | | | | |
| ワ27 | | | | | | | | | | | 国鉄ワ 2954払下げ▶1,23 | | | | | ×9,1 | | | | |
| ト1 | | | | | | | | | | | 国鉄ト 530払下げ▶1,23 | | | | | | | | ▽11,30 | −2,4× |
| ト2 | | | | | | | | | | | 国鉄ト 1686払下げ▶1,23 | | | | | | | | ▽11,30 | −2,4× |

# おわりに

　山鹿には1956、57、61年と帰省の都度訪問したが、いつもほんの立ち寄リで写真もあまり残っていない。どちらかと云えば印象の薄かったこの鉄道を紹介したくなったのは、1999(平成11)年7月に山鹿市立博物館で開催された「山鹿温泉鉄道の足跡」展示の図録で見た写真(本書にもいくつか取上げた)がきっかけだった。

　熊本電鉄、熊延鉄道、山鹿温泉鉄道は、すべて地元密着のローカル鉄道だが、前2社はそれぞれ松野鶴平、田副　清が長年経営の衝にあたり、会社の顔であったのに対し、鹿本〜山鹿の社長は主に土地の名士が務め在任期間が短い。そして地元鹿本郡が創立から終焉までいろいろ関わっているあたりが特徴であろう。本書でおおいに参考にさせて戴いた『鹿鉄50年史』も、会社がつくったいわゆる社史ではない。1965(昭和40)年の創立50周年記念を機に、山鹿市が中心で編纂されており、周りと会社をつなぐ側面史といえる。

　全体は和久田康雄氏が鉄道ピクトリアル253号「山鹿温泉鉄道」で万遍なく紹介された内容をなぞったようになったが、各章では往時の雰囲気が感じられるよう、鉄道省文書をはじめ原典の引用を多くしたので、くどさを感じられたかも知れない。それから全体のかなり

の部分を、地域、バス事業、自然災害に費やしてい〔る〕が、これらが会社の一生に付き纏っていた事をご理解〔〕いただきたい。

　例によって多くの方からご協力を賜った。とくに〔〕本線はじめ路線図作成と写真集めて西村亮一氏、国鉄〔〕自動車行政で和久田康雄氏、温鉄の写真、図面で山鹿〔〕自転車道(株)の立山裕子氏、鹿本OBの写真で堀田三〔〕直氏のほか、写真でいつもの九州の諸先輩方々と、湯口　徹、三宅俊彦両氏をはじめ同好の先達諸氏におれ〔〕申し上げると共に、絶えず励ましを頂いた編集部名取〔〕紀之、高橋一嘉両氏に感謝する次第である。

田尻弘行(慶応鉄研三田会会員〔)

●ご協力者名（敬称略・順不同）
写真と資料／西村亮一、湯口　徹、阿部一紀、山鹿自転車道㈱、山鹿市立博物館
写真／牧野俊介、奈良崎博保、田上省三、松本昌太郎、福井　弘、小澤年満、
青木栄一、小林員成、長島利輔、中西健太、藤川実盛、網田正之、中村弘之、
高井薫平、田澤義郎、中村幸史郎、熊本日日新聞、鹿本町役場
資料／和久田康雄、三宅俊彦、本間邦興、堀田三直、岸由一郎、山口雅宏、
中村良成、堀田和弘、冷川英司、亀井秀夫、交通博物館
●おもな参考書
鹿本、山鹿温泉鉄道営業報告書1917〜40、45〜60年　交通博物館所蔵
鉄道省、運輸省文書　1893〜1955、1959〜1965年　国立公文書館所蔵
『鹿鉄50年史』1965年
山鹿市立図書館平成11年企画「懐しの風景展」展示図録　2000年
和久田康雄「山鹿温泉鉄道」鉄道ピクトリアル253号　1971年
湯口　徹『南の空小さな列車』　レイル25号　1989年
和久田康雄『私鉄史ハンドブック』　1995年

一仕事終えたキハ101は、ホームの外れで向きを変えると、トコトコと車〔〕庫に向った。ある夏の日の一コマ。　1956.8.10　山鹿　P：田尻弘行